W0180227

Problemlösung und Kommunikation

Von
Professor
Dr. Harald Hungenberg

2., überarbeitete und erweiterte Auflage

R.Oldenbourg Verlag München Wien

Die Deutsche Bibliothek - CIP-Einheitsaufnahme

Hungenberg, Harald:
Problemlösung und Kommunikation : [Vorgehensweisen und Techniken] /
von Harald Hungenberg. – 2., überarb. und erw. Aufl.. – München ; Wien :
Oldenbourg, 2002
  ISBN 3-486-25988-1

© 2002 Oldenbourg Wissenschaftsverlag GmbH
Rosenheimer Straße 145, D-81671 München
Telefon: (089) 45051-0
www.oldenbourg-verlag.de

Das Werk einschließlich aller Abbildungen ist urheberrechtlich geschützt. Jede Verwertung
außerhalb der Grenzen des Urheberrechtsgesetzes ist ohne Zustimmung des Verlages unzulässig und strafbar. Das gilt insbesondere für Vervielfältigungen, Übersetzungen, Mikro-
verfilmungen und die Einspeicherung und Bearbeitung in elektronischen Systemen.

Gedruckt auf säure- und chlorfreiem Papier
Gesamtherstellung: Druckhaus „Thomas Müntzer" GmbH, Bad Langensalza

ISBN 3-486-25988-1

Vorwort zur 2. Auflage

Die zweite Auflage führt die Grundkonzeption dieses Buchs fort, die sich in der betriebswirtschaftlichen Ausbildung und Praxis bewährt hat. Die Inhalte des Buchs wurden in einigen Bereichen erweitert (Informationsgewinnung, Analysetechniken, Kreativitätstechniken, Präsentationen, Verhandlungen, Projektmanagement). In allen Bereichen wurden Aktualisierungen vorgenommen, und Fehler - soweit erkannt - wurden beseitigt.

Ich möchte mich bei allen Lesern bedanken, die durch ihr Feedback zur Weiterentwicklung des Buchs beigetragen haben. Außerdem bedanke ich mich bei dem Team meines Lehrstuhls für die tatkräftige Unterstützung bei dieser Neuauflage.

Nürnberg   Harald Hungenberg

Vorwort zur 1. Auflage

Diese Schrift wendet sich an Studenten der Betriebswirtschaftslehre. Die meisten von ihnen werden später ihr Berufsleben damit verbringen, praktische Probleme von Unternehmen zu bearbeiten - und diese hoffentlich lösen. Es kann deswegen nicht überraschen, dass "Probleme" im Mittelpunkt der meisten betriebswirtschaftlichen Arbeiten stehen. So auch in dieser Schrift.

Wenn man sich in der Betriebswirtschaftslehre mit Problemen beschäftigt, geht man üblicherweise von einem ganz bestimmten Problemtyp aus: von Problemen, die auf bekannte, wohl definierbare Fragestellungen zurückzuführen sind und sich mit ebenso bekannten und vorab bestimmbaren Instrumenten lösen lassen. Aber entspricht dieser Problemtyp tatsächlich der praktischen Realität? Wohl kaum! Die meisten Probleme, die in der Unternehmenspraxis zu lösen sind, sind neuartig: Probleme, deren Ursachen und Zusammenhänge unerkannt sind und für deren Lösung geeignete Instrumente erst noch zu finden sind. Und sind Probleme wirklich bereits dann beseitigt, wenn man es schafft, eine geeignete Lösung zu finden? Wohl kaum! Selbst die beste Problemlösung ist wertlos, wenn es nicht gelingt, diese Lösung so zu kommunizieren, dass Entscheidungsträger und Betroffene sie verstehen, akzeptieren und umsetzen - erst dann ist das Problem wirklich gelöst.

In dieser Arbeit soll versucht werden, Probleme aus einer anderen als dieser üblichen Perspektive heraus zu behandeln. Ausgehend von dem Grundverständnis, dass (erstens) Probleme im Regelfall neuartig sind und (zweitens) Problemlösung und Kommunikation Hand in Hand gehen müssen, ist es ihr Ziel, Vorgehensweisen und Techniken zu vermitteln, mit deren Hilfe ein Team von "Problemlösern" neuartige, komplexe Probleme in Unternehmen verstehen, lösen und kommunizieren kann. Mit anderen Worten: es soll eine allgemeingültige "Problemlösungsmethodik" entwickelt werden, die im praktischen Einsatz auf die unterschiedlichsten, neu auftretenden Probleme angewendet werden kann.

Das vorliegende Buch ist das gemeinsame Produkt unserer Arbeit am Lehrstuhl für Strategisches Management und Organisation der Handelshochschule Leipzig und meiner Erfahrungen als Unternehmensberater für McKinsey & Company. Ich danke daher nicht nur dem Team des Lehrstuhls, sondern auch meinen Freunden und Kollegen aus der Beratung für ihre Beteiligung am Entstehen dieser Schrift. Ich hoffe, dass Sie bei den Studenten der Betriebswirtschaftslehre Anklang und Verwendung finden wird und würde mich über jede Form des Feedbacks, sei es positiv oder negativ, bestärkend oder korrigierend, sehr freuen.

Leipzig   Harald Hungenberg

Inhaltsverzeichnis

1. Einleitung

"Wir haben ein Problem - und Sie auch!"

Fred Klabuster schließt die Tür seines Büros und sinkt erschöpft in seinen Sessel. "Das war ja wohl die unerfreulichste Viertelstunde der letzten 12 Monate" stöhnte er und dachte dabei an das Gespräch, das er gerade mit seinem Chef, Anton Armleuchter, dem Geschäftsführer der Bunsenbrenn AG, geführt hatte.

Armleuchter hat Fred zu sich gerufen, nachdem Fred zuvor in einer Sitzung der Geschäftsführung über den Stand des Projekts "Neue Strategie der Bunsenbrenn AG" informiert hatte, das Fred als Projektleiter betreut. Leider konnte Fred trotz sechsmonatiger Arbeit seiner Projektgruppe noch keine Ergebnisse vorlegen, die die Geschäftsführung zufrieden stellten - und dies schien besonders Herrn Armleuchter zu missfallen. "Klabuster, da haben Sie ja einen rechtschaffenen Mist erzählt", war noch eine der freundlicheren Äußerungen, die Fred sich anhören musste.

Auch seine Entschuldigung - "eigentlich hatte ich gar nicht genügend Leute und Geld, und auch die Zeit für unser Projekt war viel zu kurz" - überzeugte seinen Chef nicht. Aber wirklich, so dachte Fred: "Egal wohin wir schauten, fanden wir immer neue Probleme - und jedes war wichtiger als das Vorherige". "Und die Datenflut: wir ertrinken in den Daten, die müssen alle erstmal gesichtet und verarbeitet werden".

Fred hätte Herrn Armleuchter ja schon lange einen Vorschlag für eine neue Strategie der Bunsenbrenn AG vorgelegt, wenn nicht jeder der Abteilungsleiter, mit denen Fred im Rahmen seines Projektes gesprochen hat, ihm andere Anforderungen und Prioritäten vorgelegt hätte. "Und Armleuchter selber hatte wirklich nie Zeit für mich", so sagte Fred sich selbst - "ich hatte nie Gelegenheit mit ihm über unsere vielen Ideen sprechen zu können".

Zu allem Überfluss traut sich Fred nach dem heutigen Gespräch auch nicht mehr so recht, seinem Chef diese Strategieideen vorzutragen, denn erstmalig glaubt Fred, aus dem Gespräch herausgehört zu haben, dass Armleuchter eigentlich gar keine langfristige Strategie sucht, wovon Fred immer ausging, sondern viel stärker daran interessiert ist, kurzfristige Kostensenkungen "einzufahren". "Verdammt noch mal, Klabuster, unser wichtigstes Problem ist, in diesem Jahr noch 20 Millionen einzusparen. Wenn wir dies nicht schaffen, haben wir ein echtes Problem - und Sie auch".

Der Fall des unglücklichen Fred Klabuster ist nicht unrealistisch. Er beschreibt einen **gescheiterten Problemlösungsprozess**. Und das ist im Leben - und hier speziell: in Unternehmen - nichts Seltenes.

Warum aber scheitern Problemlösungen in so großer Zahl? Warum werden Menschen mit der Lösung von Problemen betraut, investieren unglaubliche Zeit und Energie und müssen am Ende ihrer Arbeit feststellen, dass alles umsonst war? Liegt es vielleicht daran, dass jene Menschen, deren Problemlösungsprozesse nicht erfolgreich abliefen, einfach zu dumm waren, die ihnen übertragenen Aufgaben zu lösen?

Ich bin davon überzeugt, dass in der Mehrzahl der Fälle der Grund für gescheiterte Problemlösungen nicht in der (mangelnden) Intelligenz oder Sachkenntnis der beteiligten Menschen zu suchen ist, sondern darin, dass diese unzweckmäßig an das zu lösende Problem herangegangen sind. Anders ausgedrückt: Sie scheiterten daran, dass ihre **Problemlösungsmethodik** unzureichend war. Der Fall von Fred Klabuster ist ein gutes Beispiel für diese Aussage. Äußerungen wie "wir hatten nicht genügend Leute und Geld", "wir ertranken in den Daten" und "unser Chef hatte nie wirklich Zeit für uns" sind beredte Belege einer unzweckmäßigen Vorgehensweise. Und dass sich erst am Ende der Problemlösung ein Missverständnis über die zu lösende Aufgabe offenbart, spricht auch nicht gerade für ein sinnvolles Herangehen an das Problem. Problemlösungen, wie in unserem Beispiel, sind geradezu zum Scheitern verurteilt, wenn versäumt wird:

- **Am Anfang des Problemlösungsprozesses Klarheit über das zu lösende Problem zu schaffen.**

Solange diese nicht besteht, ist an der Identifikation und Klärung des Problems zu arbeiten - und nicht an seiner Lösung. So sollen der eigentliche Auftrag des Problemlösungsteams und die Ziele, die der Auftraggeber mit der Problemlösung verfolgt, transparent gemacht werden.

- **Alle Teilaspekte und Zusammenhänge des Problems systematisch herauszuarbeiten.**

Jedes Problem besteht aus einzelnen Teilproblemen, die miteinander verknüpft sind. Um es wirklich verstehen und lösen zu können, sind diese vollständig aufzuzeigen - eine Problemstruktur ist zu entwickeln. Nur so kann vermieden werden, dass Teilprobleme in einer unzweckmäßigen Reihenfolge bearbeitet werden oder immer neue Teilprobleme auftauchen und sich in den Vordergrund drängen. Eine vollständige Problemstruktur ist eine Voraussetzung dafür, dass ein Problemlösungsteam Prioritäten setzen kann, die seine eigene Arbeit fokussieren.

- **Erarbeitete Problemlösungen wirkungsvoll und verständlich zu kommunizieren.**

Wenn eine sinnvolle Lösung für das Problem gefunden ist, ist noch gar nichts gewonnen. Oft ist es viel schwieriger, diese Lösung verständlich zu machen, zu begründen und durchzusetzen. Dies kann nur gelingen, wenn das Problemlösungsteam auf die Kommunikation seiner Arbeitsergebnisse genausoviel Wert legt wie auf deren Entwicklung. Problemlösung und Kommunikation müssen Hand in Hand gehen.

- **Die Arbeit des Problemlösungsteams selber zu steuern.**

Praktische Problemlösungen sind im Regelfall hochkomplexe Aufgabenstellungen, die in einem begrenzten Zeitraum von einem Team bearbeitet werden müssen. Zielsetzung, Arbeitsteilung und Koordination des Teams sowie seine Zusammenarbeit mit den Entscheidern dürfen sich nicht zufällig ergeben - die Arbeit eines Problemlösungsteams muss selber organisiert und "gemanaged" werden.

Diese vier Punkte beschreiben die wesentlichen Anforderungen, die beachtet werden sollten, um zweckmäßig zu einer Problemlösung zu gelangen. Eine Problemlösungsmethodik, die diese Anforderungen erfüllt, soll in den folgenden Abschnitten dieses Buchs vorgestellt werden. Zu diesem Zweck soll der **Problemlösungsprozess** in fünf Teilaktivitäten gegeliedert werden, die auch die Struktur des Buchs bilden (Abbildung 1):

- Problemidentifikation,
- Problemstrukturierung,
- Problemanalyse,
- Kommunikation der Problemlösung,
- Management des Problemlösungsprozesses.

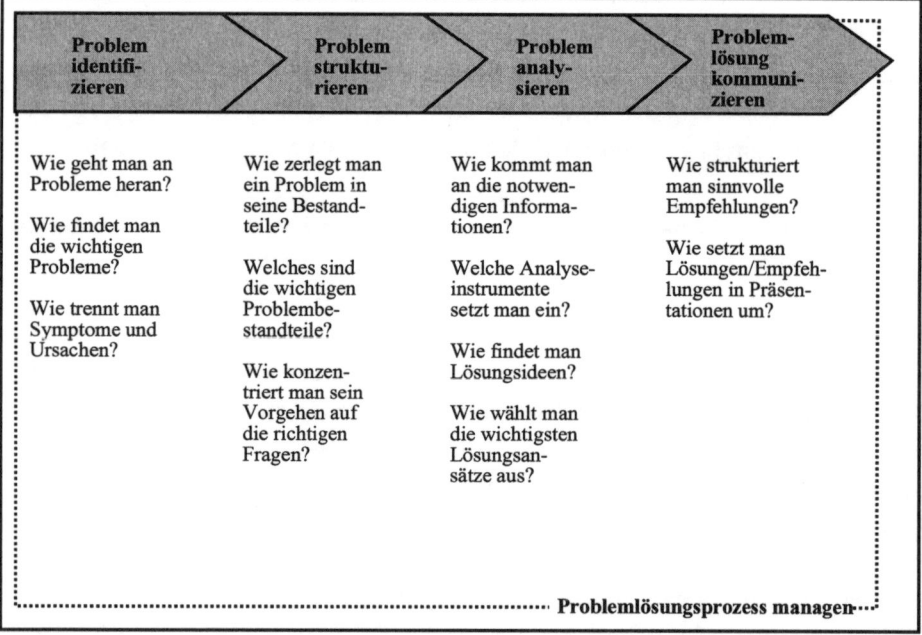

Abbildung 1: Teilaktivitäten im Rahmen eines Problemlösungsprozesses

Ein Sachverhalt sei an dieser Stelle noch einmal ausdrücklich betont, obwohl er sich eigentlich von selber versteht: Die im folgenden vorgestellte Problemlösungsmethodik allein kann natürlich auch nicht sicherstellen, dass ein Problem erfolgreich gelöst wird - denn eine zweckmäßige Vorgehensweise ist keine hinreichende Bedingung für den Erfolg eines Problemlösungsprozesses. Motivation, Kreativität und Fachwissen der Beteiligten sind gleichermaßermaßen wichtig, damit ein Team eine erfolgreiche Problemlösung schaffen kann. Ohne eine zweckmäßige Methodik wird es aber enorm schwierig, wenn nicht unmöglich, Wissen und Kreativität der Teammitglieder positiv zu einer Problemlösung zusammenzuführen und die Motivation der Menschen zu erhalten und zu nutzen. In diesem (und nur in diesem) Sinne wird die im folgenden vorgestellte Problemlösungsmethodik zur Voraussetzung erfolgreicher Problemlösungsprozesse.

2. Probleme identifizieren

"Sie machen das schon!"

Alles fing damit an, dass Anton Armleuchter Fred am 1. März zu sich rief. "Klabuster", so begrüßte er Fred, " Sie sind jetzt seit 9 Monaten in unserer Firma und haben sich doch richtig schön eingearbeitet. Das hätte ich von einem jungen Mann, der gerade von der Uni kommt, gar nicht erwartet. Und weil Sie sich so toll schlagen, habe ich eine wirklich spannende Aufgabe für Sie".

Die "spannende Aufgabe", so erfuhr Fred, besteht darin, eine neue Strategie für die Firma zu entwickeln. "Wissen Sie Klabuster, jedes gute Unternehmen braucht eine Strategie, und auch wir können nicht so weiter wurschteln wie in der Vergangenheit, wenn wir auch in Zukunft schwarze Zahlen schreiben wollen"! Und in der Tat, so dachte auch Fred, und erinnerte sich an seine Vorlesung zum Strategischen Management: "Ein wenig strategische Ausrichtung täte dem Laden ganz gut".

"Also, Sie machen das schon" - mit diesen Worten entließ Herr Armleuchter den frisch ernannten Projektleiter. Der sitzt nun in seinem Büro und denkt: "Was machen?" Eigentlich hat die Firma Bunsenbrenn - ein mittelständischer Hersteller von Schweißbrennern - eine recht erfolgreiche Historie, vor allem Dank hervorragender Produkte. Dies galt zumindest bis zum vorletzten Jahr, denn seit etwa anderthalb Jahren hat die Firma ihre Umsatz- und Ergebnisziele nicht mehr erreichen können. Für das laufende Jahr, so hatte der Abteilungsleiter Controlling Fred anvertraut, drohen sogar erstmals Verluste. "Woran kann das nur liegen"?

"Natürlich", so dachte Fred, "wäre es uns gelungen, die neuen Brenner rechtzeitig in den Markt zu bringen, hätten wir dieses Problem nicht". In der Tat hat die Firma technologisch vollkommen neuartige Produkte entwickelt, die den Konkurrenzprodukten deutlich überlegen sind, aber leider allzu häufig fehlerhaft waren und von den ersten Kunden reklamiert wurden. Zur Zeit ist der Vertrieb der neuen Brenner erstmal wieder eingestellt, um die Ursachen dieser Fehler zu finden.

"Und auch der Außendienst müsste einmal überdacht werden", so sinnierte Fred weiter: "für ein Unternehmen unserer Größe ist der Außendienst viel zu groß, und ob unsere Kunden die Außendienstler wirklich als "Berater" brauchen, wie der Vertrieb immer behauptet, weiß auch kein Mensch". "Aber über den Außendienst sollte ich besser nicht nachdenken, der ist nunmal das Lieblingskind unseres Vertriebsleiters". Weiter dachte Fred nach, was wohl die Probleme der Firma verursacht haben mochte, und es drängte sich ihm der Verdacht auf, dass die Vielfalt des Produktprogramms auch ein Teil des Problems sei, denn über 80% der Produkte sind Sonderanfertigungen. "Und die Konzentration auf nur vier Marktsegmente, unsere schwache Position im Ausland und die hohen Produktionskosten müssten wir auch ändern. Aber ob das noch zum Thema Strategie gehört"?

Üblicherweise denken wir, wenn jemand mit einer Aufgabe betraut wird, ist schon klar, was er machen soll - welches Problem er (oder sie) lösen soll. Leider ist dies nicht immer der Fall; ich meine sogar: in den meisten Fällen trifft genau das Gegenteil zu. Unser Beispiel von Fred Klabuster illustriert sehr gut, welche Schwierigkeiten typischerweise am Anfang eines Problemlösungsprozesses auftreten, weil man sich zunächst Klarheit über das zu lösende Problem verschaffen muss.

Freds Schwierigkeiten begannen damit, dass sein Auftraggeber ihn mit einer nur sehr **grob umrissenen Aufgabenstellung** auf den Weg schickte: "Wir brauchen eine Strategie". Und was eine Strategie ist, lässt sich bekanntermaßen nahezu beliebig interpretieren. Dass es Herrn Armleuchter nicht gelang, seinen Auftrag präziser zu formulieren, kann ihm allerdings nur zum Teil angelastet werden. Überspitzt formuliert könnte man nämlich sagen, dass ein Problemlösungsteam dann (und nur dann) eingesetzt wird, wenn ein besonders komplexes Problem zu lösen ist, dessen Zusammenhänge der Auftraggeber (sprich: der Entscheider) allein nicht erkennen und auflösen kann - ansonsten bräuchte er gar kein Problemlösungsteam. Mit anderen Worten: Um eine Aufgabenstellung präzise zu formulieren, ist in vielen Fällen ein gewisses Maß an Problemdurchdringung notwendig, das der Auftraggeber alleine nicht leisten kann - hier ist das Problemlösungsteam mit gefordert.

Fred hätte vor diesem Hintergrund gut daran getan, am Anfang der Projektarbeit seine Aufgabenstellung selber konkret herauszuarbeiten. Hierdurch hätte er nicht nur die spätere Arbeit seines Projektteams besser ausrichten können, sondern er hätte auch gegenüber seinem Auftraggeber dokumentieren können, wie er, der Projektleiter, das zu untersuchende Problem interpretiert. Missverständnisse darüber, was das Problemlösungsteam eigentlich erarbeiten soll ("eine neue Strategie" oder "kurzfristige Kostensenkungen"), hätten so vermieden werden können.

Die unklare Aufgabenstellung war aber nur eine der Schwierigkeiten, denen der Problemlöser Fred anfänglich gegenüber stand. Schon bei der Beschreibung der Ausgangssituation der Firma Bunsenbrenn kamen weitere hinzu: Wie gravierend ist der Ergebnisrückgang? Liegen die Ursachen im Markt oder sind die negativen Marktentwicklungen nur Symptome interner Problemursachen? Wer entscheidet eigentlich über die Problemlösung und was sind die Ziele, die die Entscheider verfolgen? Gibt es Bereiche, die bei der Problembearbeitung nicht untersucht werden sollen? Gibt es Lösungsalternativen, die von vornherein ausgeschlossen sind? Diese und ähnliche Fragen hätte er klären müssen, bevor die eigentliche Problemlösung sinnvoll angegangen werden kann.

Nur wenn diese Fragen beantwortet werden, kann es gelingen, das untersuchte Problem systematisch und vollständig zu identifizieren. Erste Teilaktivität eines methodisch sinnvoll betriebenen Problemlösungsprozesses muss daher eine umfassende **Problemidentifikation** sein. Ihre Aufgabe ist es:

- die zu lösende grundsätzliche Frage (die Aufgabenstellung) zu definieren;

- Problemsymptome und Problemursachen zu trennen und beide - soweit erkennbar - zu beschreiben;

- die Entscheidungsträger und deren Entscheidungskriterien zu benennen;

- eventuelle Lösungseinschränkungen und vorab definierte Grenzen der Problembearbeitung festzuhalten.

Ein Problemlösungsteam sollte sich bei Beginn seiner Projektarbeit die Zeit nehmen, diese Fragestellungen zu klären. Dadurch soll zweierlei erreicht werden: Erstens soll im Team selber ein einheitliches Verständnis der Aufgabenstellung geschaffen werden. Daher sind die Antworten auf die genannten Fragen im gesamten Team zu erarbeiten. Zweitens sollte das Problemlösungsteam seinem Auftraggeber vermitteln, wie es die Aufgabenstellung interpretiert. Durch eine solche "Feedback-Schleife" am Anfang des Projekts können Missverständnisse über die tatsächliche Aufgabe des Teams vermieden werden, die ansonsten erst am Ende des Problemlösungsprozesses aufwändig bereinigt werden müssten.

Als Hilfsmittel kann hierbei ein **Problemidentifikations-Formular** eingesetzt werden, wie es in Abbildung 2 beispielhaft abgebildet ist. Dieses leitet die Problemidentifikation an und dokumentiert ihre Ergebnisse. Je nachdem, wie gut der Wissensstand des Problemlösungsteams über das Umfeld des zu bearbeitenden Problems bereits ist, kann diese Aktivität unmittelbar mit Beginn seiner Arbeiten erfolgen oder durch vorangehende Interviews und Analysen unterstützt werden. Im einzelnen sind folgende Fragen zu beantworten:

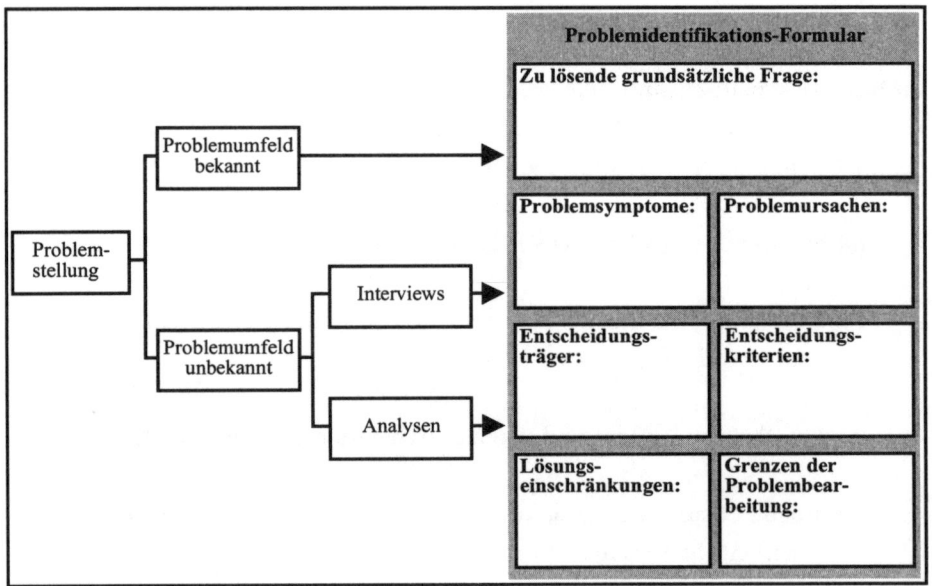

Abbildung 2:   Problemidentifikations-Formular

- **Was ist die zu lösende grundsätzliche Frage?**

Die Definition der zu lösenden Frage dient dazu, die Aufgabenstellung explizit herauszuarbeiten. Sie bestimmt das Untersuchungsspektrum und grenzt damit die Arbeit des Problemlösungsteams ein bzw. leitet diese an. Gleichzeitig führt ihre Definition dazu, dass mit dem Auftraggeber ein gemeinsames Grundverständnis über Untersuchungsziel und -umfang gefunden werden kann. Die wesentliche Schwierigkeit bei dieser Aktivität besteht darin, die grundsätzliche Frage hinreichend präzise zu beschreiben, ohne dabei, infolge einer zu engen Definition, Teile des Problems auszugrenzen. Eine präzise, aber nicht zu eng formulierte Frage zeigt das in Abbildung 3 wiedergegebene Beispiel: "Kann die Deutsche Telekom langfristig profitabel Telefon-Endgeräte an Privatkunden verkaufen"?

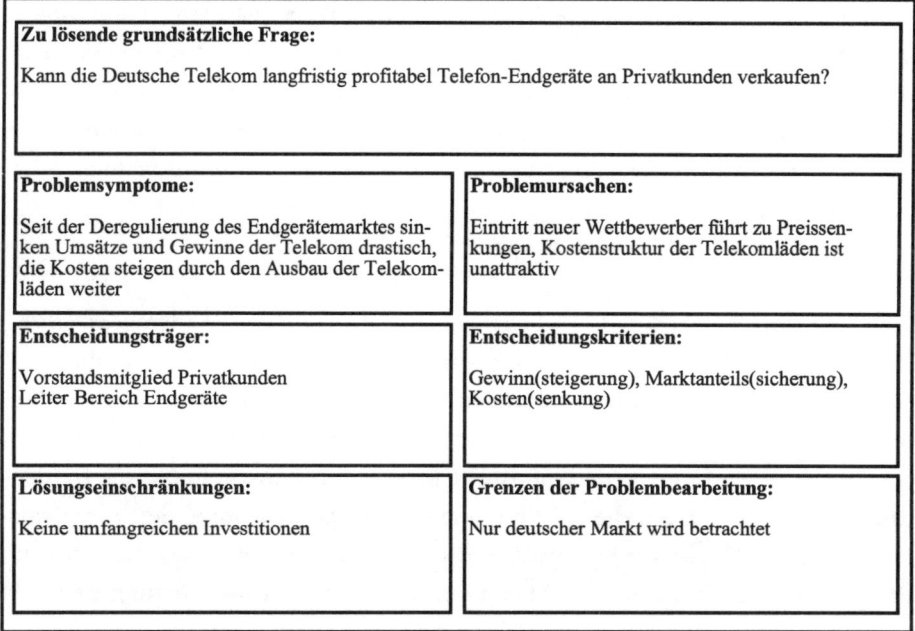

Abbildung 3:   Beispiel einer Problemidentifikation

- **Wie sehen die Problemsymptome aus?**

Problemsymptome sind die sichtbaren Auswirkungen des Problems - also z.B. rückläufige Umsätze, Marktanteilsverluste, sinkende Kundenzufriedenheit. Ihre Beschreibung hilft dabei, die (möglicherweise sehr vielfältigen) Facetten eines Problems besser zu verstehen, die später genauer untersucht werden müssen.

- **Wo sind die Problemursachen zu suchen?**

Hinter den Problemsymptomen stehen die Problemursachen. Ein Problem kann nur gelöst werden, wenn seine Ursachen bekämpft werden. In diesem frühen Stadium der Problembearbeitung können natürlich nur Annahmen über mögliche Ursachen formuliert werden (z.B. Auftreten neuer Wettbewerber, Preissenkungen im Markt, ungünstige Kostenstruktur des eigenen Vertriebskanals), denen später im Detail nachgegangen werden muss. Problemursachen umfassend zu erkennen, ist auch gar nicht der Zweck dieser Aktivität; viel wichtiger ist zu diesem Zeitpunkt, Hypothesen über mögliche Ursachen zu dokumentieren, um schon die ersten Schritte des Problemlösungsteams auf ein sinnvolles Ziel auszurichten.

- **Wer sind die Entscheidungsträger?**

Hier sind die Führungskräfte zu benennen, die am Ende der Problembearbeitung über die Verwirklichung der Problemlösung entscheiden werden (z.B. das Vorstandsmitglied, das für das Privatkunden-Geschäft verantwortlich ist, und der Leiter des Bereichs Endgeräte). Oft sind dies die Auftraggeber; im Regelfall kommen aber auch weitere formelle und informelle Entscheidungsträger hinzu. Sie zu identifizieren ist wichtig, um die Abstimmung der Aufgabenstellung, der Vorgehensweise und der (Zwischen-)Ergebnisse frühzeitig planen zu können. Nur so kann im späteren Projektverlauf die notwendige Management-Unterstützung gesichert werden.

- **Was sind die Entscheidungskriterien?**

Wenn klar ist, wer entscheidet, kann auch geklärt werden, auf Basis welcher Kriterien von den Entscheidungsträgern über die Verwirklichung späterer Lösungsvorschläge entschieden wird. Diese Entscheidungskriterien bestimmen die Ziele, die mit der Problemlösung erreicht werden sollen (z.B. Gewinnsteigerung, Marktanteilssicherung, Kostensenkung). Sie am Anfang der Problembearbeitung explizit zu definieren, dient nicht nur dazu, mit (und unter) den Entscheidern einen Konsens über Ziele und Prioritäten zu schaffen, sondern auch dazu, die inhaltliche Projektarbeit des Problemlösungsteams anzuleiten. Das Team muss dafür sorgen, dass für alle Problemlösungsmöglichkeiten untersucht wird, wie sie sich auf diese Ziele auswirken - also entsprechende Analysen einplanen.

- **Welche Lösungseinschränkungen sollen beachtet werden?**

Lösungseinschränkungen grenzen den in Frage kommenden Lösungsraum ein. So kann z.B. eine Lösungseinschränkung darin bestehen, dass nur solche Lösungsalternativen entwickelt werden sollen, die keine umfangreichen Investitionen erfordern - etwa weil die Finanzmittel des Unternehmens beschränkt sind. Wenn Einschränkungen des Lösungsraums vorab erkennbar sind, ist es natürlich sinnvoll, diese festzuhalten - die Arbeit des Projektteams kann so von unnötigen Aktivitäten befreit werden. Allerdings ist im Laufe der Projektarbeit immer wieder zu überprüfen, ob die ursprünglich vorgenommenen Einschränkungen mit wachsendem Erkenntnisfortschritt noch zu rechtfertigen oder aber anzupassen sind.

- **Wo liegen die Grenzen der Problembearbeitung?**

Die Grenzen der Problembearbeitung legen fest, welche Bereiche aus der Untersuchung von vornherein ausgeklammert werden sollen. Anders als bei den Lösungseinschränkungen geht es also nicht darum, unzulässige Lösungsalternativen zu definieren, sondern es geht darum, denkbare Fragestellungen auszugrenzen, die nicht näher untersucht werden sollen (z.B. die Ausweitung eines Geschäftsfelds auf bislang nicht bediente Länder). Auch diese Festlegung dient wieder dazu, die Arbeit des Problemlösungsteams zu fokussieren und mögliche Missverständnisse mit dem Auftraggeber zu vermeiden.

Die Problemidentifikation ist nur der erste Schritt einer erfolgreichen Problemlösung, aber keinesfalls ihr unwichtigster. Auch wenn es ein Problemlösungsteam drängt, sich an die inhaltliche Analyse zu machen und es anfänglich manchmal so scheint, als sei es nicht nötig, sich explizit mit der Aufgabenstellung, den Entscheidungsträgern oder den Lösungseinschränkungen zu befassen - was am Anfang versäumt wird, hat umso problematischere Auswirkungen, je weiter ein Projekt fortschreitet. Anders ausgedrückt: Was am Anfang versäumt wird, muss später mit umso größerem Aufwand nachgeholt werden. Wer vermeiden möchte, am Ende des Projekts zu erfahren, dass er "das falsche Problem, mit den falschen Prioritäten, zum falschen Zeitpunkt" bearbeitet hat, tut gut daran, sich am Anfang seiner Arbeit die Zeit für eine systematische Problemidentifikation zu nehmen.

3. Probleme strukturieren

3.1 Zweck und Anforderungen der Problemstrukturierung

> "Wir sehen vor lauter Bäumen den Wald nicht mehr!"

Die ersten Wochen verbrachte Fred mit seiner Projektgruppe damit, alle möglichen Informationen zu sammeln: "Wir wissen noch viel zu wenig, um eine Strategie entwickeln zu können, die uns wieder in die Gewinnzone zurückführt. Wir sollten uns erstmal schlau machen". Also sammelten Fred und seine Mitstreiter emsig, was sie an Controlling- und Absatzberichten, an Marktforschungs- und Verkaufsanalysen, Produktionskennzahlen und Nutzungsstatistiken, Einkaufs- und Bestandsanalysen, Personal- und Kostenauswertungen finden konnten.

Jedesmal, wenn Sie einen neuen Bericht, eine neue Statistik oder eine neue Auswertung erhielten, wuchs nicht nur der Papierberg auf Freds Schreibtisch, sondern auch seine Verwirrung. "Irgendwie ist mir das Ganze noch vollkommen undurchsichtig", sagte er zu Else Warm, seiner rechten Hand: "Die Umsätze gehen zurück, gleichzeitig sagt der Vertrieb, dass die Nachfrage wächst. Wir verkaufen immer mehr Produkte und verdienen immer weniger. Die Produktion klagt über "Dauerstress", aber gleichzeitig sind viele Maschinen nicht ausgelastet". "Und vergiss nicht die neuen Brenner und deren Probleme, mit denen müssen wir uns auch beschäftigten", warf die gute Else ein. "Ich glaube, wenn wir die Firma wieder erfolgreich machen wollen, müssen wir an allen Ecken gleichzeitig ansetzen".

Und so stürzten sich Freds Problemlöser in die Arbeit, von morgens 8 Uhr bis spät in die Nacht. Aber richtig zufrieden mit ihrer Arbeit waren sie nicht. Immer wieder stellten sie fest: "Irgendwie hängt hier alles mit jedem zusammen" - Umsatzrückgang und Kostensteigerung, Vertriebsprobleme und Produktionsleistung, Marktbearbeitung und Wettbewerber. "Und wenn wir "A" anfassen, taucht sofort "B" auf und ist dann auch gleich viel wichtiger".

Und so kam Fred nach sechs Wochen Arbeit zu dem frustrierenden Ergebnis: "Wir sind wie unsere eigene Produktionsabteilung: Voll unter Dampf, aber keinen Meter voran gekommen. Ich glaube, wir sehen vor lauter Bäumen den Wald nicht mehr".

In unserem Beispiel muss Freds Projektgruppe feststellen, dass die von ihnen zu bearbeitende komplexe Problemstellung eine unangenehme Eigenschaft hat: sie ist wirklich komplex. Und Komplexität drückt sich nicht nur darin aus, dass es schwierig ist, Lösungen für das untersuchte Problem zu finden. Schon viel früher, wenn es darum geht, das Problem richtig zu verstehen, macht sich die Komplexität bemerkbar: "Irgendwie hängt hier alles mit jedem zusammen", so hat unser Projektleiter Fred frustriert festgestellt.

Die **Komplexität unternehmerischer Probleme** macht es erforderlich, dass im Rahmen eines Problemlösungsprozesses nach der Problemdefinition - und vor der Suche nach Problemlösungen - zunächst (oft erhebliche) Anstrengungen unternommen werden, das Problem in seinen Teilaspekten und Zusammenhängen zu verstehen. Wenn tatsächlich "alles mit allem zusammenhängt", dann muss jeder einzelne dieser Zusammenhänge von dem Problemlösungsteam verstanden werden, bevor Lösungsalternativen entwickelt werden können. Die Teilaktivität im Rahmen eines Problemlösungsprozesses, die dem vertieften Verständnis der Teilprobleme und ihrer Zusammenhänge gewidmet ist, ist die **Problemstrukturierung**.

Problemstrukturierung bedeutet allgemein gesprochen, dass ein Problem in kleinere Teilprobleme zerlegt wird (Abbildung 4). So entsteht ein (baumartiger) Problemaufriss, der von der zu untersuchenden Frage ausgeht und diese stufenweise in immer konkretere Teilprobleme aufspaltet. Eine systematische Strukturierung von Problemen ist mit einer Reihe von Vorteilen verbunden:

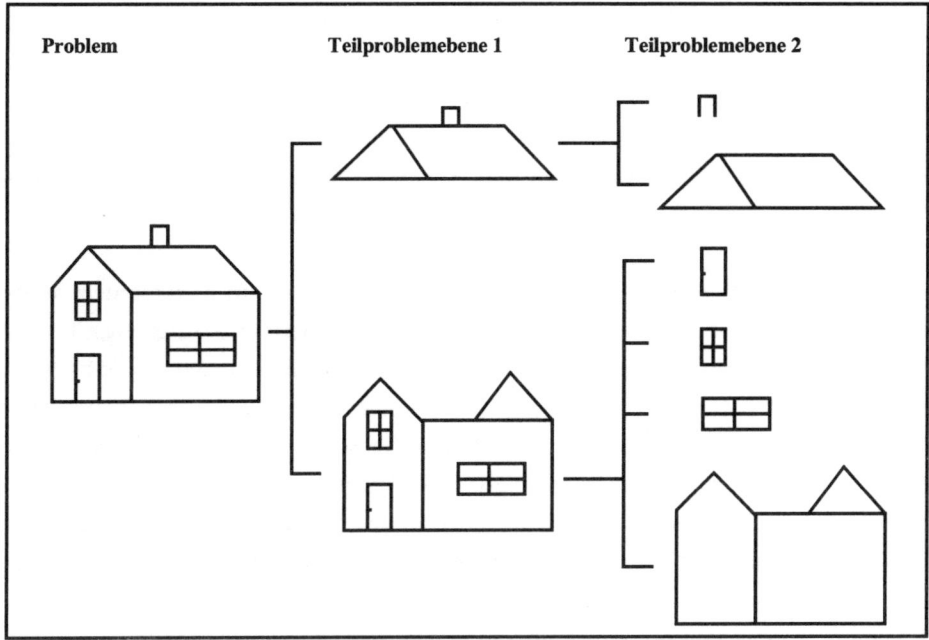

Abbildung 4:   Prinzip der Problemstrukturierung

• **Problemstrukturierung erleichtert die Lösungssuche.**

Sie macht Teilprobleme überschaubar und zeigt die Zusammenhänge zwischen diesen auf. Gleichzeitig macht sie Schwerpunktthemen schneller erkennbar, die bei der späteren Lösungssuche vorrangig angegangen werden sollten.

• **Problemstrukturierung erleichtert die Vorgehensplanung.**

Je besser das Projektteam über die Teilaspekte und Zusammenhänge des Problems informiert ist, desto eher wird es ihm gelingen, sein eigenes Vorgehen zweckmä-ßig zu planen. So können auf der Basis der Problemstrukturierung Möglichkeiten zur Parallelarbeit genutzt werden, Schwierigkeiten werden früher erkennbar, die Zeitplanung transparenter und insgesamt das Vorgehen des Problemlösungs-teams zielorientierter.

- **Problemstrukturierung erleichtert die Kommunikation.**

Wirkungsvolle Kommunikation setzt ebenfalls eine klare Struktur voraus. Diese kann nur derjenige schaffen, der ein Problem in seinen Zusammenhängen verstanden hat und die Kernaussagen und Argumentationslinien für die Kommunikation aus der Problemstruktur ableiten kann.

Die Schwierigkeiten bei der Problemstrukturierung liegen im allgemeinen weniger in den Inhalten (dem Problem) als in der Logik (der Strukturierung): Einem Problemlösungsteam, das ein gewisses Grundverständnis von seinem Arbeitsgebiet entwickelt hat, wird es im allgemeinen möglich sein, die wesentlichen inhaltlichen Fragestellungen darüber zusammenzutragen. Diese logisch - das heißt: in ihren wechselseitigen Zusammenhängen und Abhängigkeiten - zu strukturieren, ist die eigentliche Schwierigkeit. Um diese Schwierigkeit zu bewältigen, gilt für die Problemstrukturierung im Rahmen eines Problemlösungsprozesses vor allem eine Anforderung, die ich in Anlehnung an Barbara Minto als **"MECE-ness"** bezeichne[1]. Welche Bedingungen müssen erfüllt sein, damit eine Problemstruktur **MECE** ist?

- **Die Problemstruktur muss "Mutually Exclusive" sein - ME!**

Eine Problemstruktur ist dann Mutually Exclusive (ME), wenn einzelne Aussagen, die in einem Ast des Problemaufrisses auf einer gemeinsamen Ebene angeordnet werden, sich inhaltlich nicht überschneiden - sie müssen sich gegenseitig logisch ausschließen.

- **Die Problemstruktur muss "Collectively Exhaustive" sein - CE!**

Eine Problemstruktur ist dann Collectively Exhaustive (CE), wenn die Aussagen, die in einem Ast des Problemaufrisses auf einer gemeinsamen Ebene angeordnet werden, in Summe die Aussage auf der nächsthöheren (stärker aggregierten) Strukturebene vollständig abdecken - sie müssen deren Inhalte vollständig wiedergeben.

---

[1]   Vgl. ausführlich Minto, B.: The Pyramid Principle, London 2001, S. 81 ff.

Abbildung 5 zeigt das Beispiel einer Problemstruktur, die auf allen Ebenen MECE ist. Die Frage auf der Problemebene (die grundsätzlich zu lösende Frage) lautet: "Wie kann die Ergebnissituation der Firma Bunsenbrenn verbessert werden?" Eine naheliegende (aber natürlich nicht die einzig denkbare) Antwort wäre: "Indem der Umsatz gesteigert oder die Kosten gesenkt werden". Als Strukturierung auf der ersten Teilproblemebene bietet sich daher an:

-    Umsatz erhöhen,
-    Kosten senken.

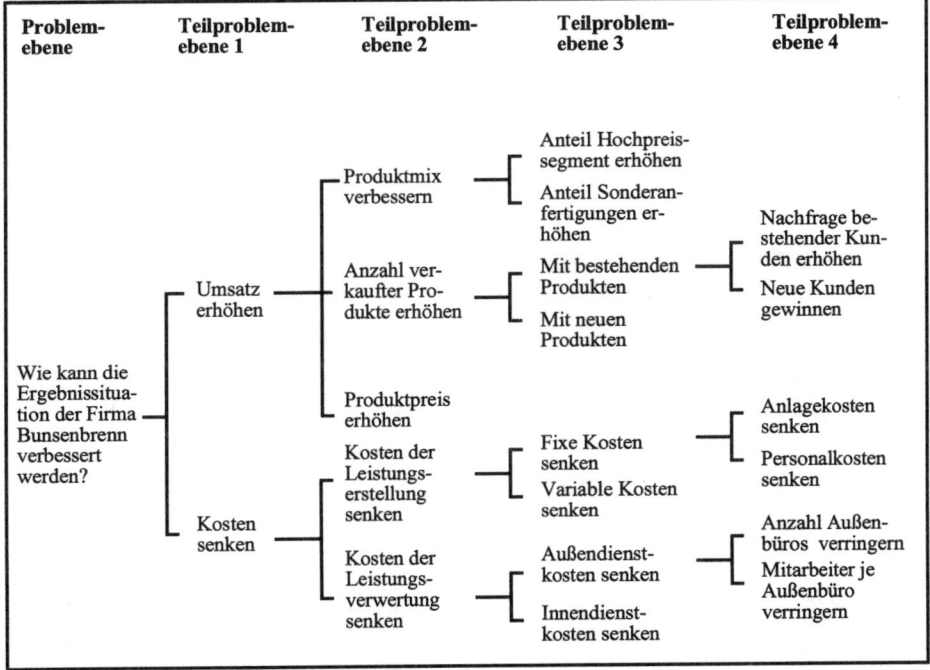

Abbildung 5:   Beispiel einer Problemstruktur

Diese Struktur ist MECE: Sie ist Mutually Exclusive, da Umsatzsteigerung und Kostensenkung logisch-definitorisch voneinander getrennte Sachverhalte sind, die in einer gemeinsamen Beziehung zum Ausgangsproblem stehen. Sie ist Collectively Exhaustive, da es (rein logisch) keine Ansatzpunkte neben diesen beiden gibt, mit denen das Ergebnis der Firma Bunsenbrenn gesteigert werden könnte. Der Gewinn ist nunmal rechnerisch die Differenz von Erlösen und Kosten - und von sonst nichts. Die "MECE-ness" der Strukturierung setzt sich auf den folgenden Strukturebenen fort; so wird beispielsweise das Teilproblem "Kosten senken" auf der nächsten Teilproblemebene durch die Ansatzpunkte

- Kosten der Leistungserstellung senken und
- Kosten der Leistungsverwertung senken

erklärt. Der gängigen betriebswirtschaftlichen Definition von Leistungserstellung und -verwertung entsprechend, decken diese Kosten alle Unternehmensaktivitäten ab (damit sind sie in Bezug auf den übergeordneten Aspekt "Kosten senken" Collectively Exhaustive - CE) und stellen zugleich begrifflich eindeutig voneinander getrennte Sachverhalte dar (damit sind sie Mutually Exclusive - ME).

Natürlich wäre es auch möglich gewesen, auf der ersten Strukturebene einer vollkommen anderen Gliederungslogik zu folgen. So hätte man zum Beispiel das Problem "Wie kann die Ergebnissituation der Firma Busenbrenn gesteigert werden"? auch so strukturieren können, dass man auf der ersten Teilproblemebene unterscheidet:

- kurzfristig oder langfristig wirksame Verbesserungen;
- Verbesserungen durch interne oder externe Maßnahmen;
- Verbesserungen im Inland oder im Ausland;
- Verbesserungen in Beschaffung, Produktion oder Absatz.

Je nachdem, welchen Ansatz man wählt, wäre der weitere Strukturbaum durchaus unterschiedlich aufgebaut. Dabei ist keiner dieser grundsätzlichen Strukturierungsansätze falsch, da alle drei Alternativen MECE sind. Welchen Ansatz ein Problemlösungsteam wählt, um das ihm übertragene Problem zu strukturieren, ist letztlich eine **Frage der Zweckmäßigkeit**, die vor allem anhand von zwei Aspekten beurteilt werden sollte:

• **Problemstruktur soll Problembedeutung widerspiegeln.**

Die wichtigsten Teilprobleme sollen auf möglichst niedrigen Strukturebenen (im Strukturbaum möglichst weit links) angesprochen werden, damit die Problestruktur auch die Problembedeutung veranschaulicht.

• **Problemstruktur soll zu konkreten Ansatzpunkten führen.**

Je höher die Strukturebene ist, auf der ein Teilproblem angesprochen wird (je weiter rechts es im Baum steht), desto konkreter sollte es sein. Im Idealfall finden sich auf der jeweils letzten Strukturebene nur konkrete Maßnahmen, die einzeln oder in unterschiedlicher Zusammenstellung geeignet sein können, das Ausgangsproblem zu lösen. Eine logische Problemstrukturierung stellt insofern immer auch ein erstes Durchdenken des später zu analysierenden Lösungsraums dar - sie bereitet die Problemanalyse und die Suche nach Lösungsmöglichkeiten vor.

Wie das Beispiel zeigt, bedeutet "MECE-ness" nicht, dass einzelne Teilprobleme beziehungsweise Ansatzpunkte, die sich in der Problemstrukturierung ergeben (z.B. Kosten senken, Umsatz steigern), sich auch in der späteren Problemlösung gegenseitig ausschließen müssen. Oft wird es sich bei der Beurteilung von Lösungsalternativen sogar als sinnvoll herausstellen, eine Kombination verschiedener Ansatzpunkte auszuwählen; in unserem Beispiel hieße dies, an der Umsatz- und der Kostenseite zugleich anzusetzen. Die Anforderung der "MECE-ness" - speziell die Anforderung, dass Teilaspekte eines Problems Mutually Exclusive sein sollen - bedeutet also nur, dass diese Teilaspekte sich logisch-definitorisch ausschließen, nicht aber, dass diese Ausschließlichkeit auch bei einer eventuellen Realisierung besteht.

3.2 Logikbäume als Hilfsmittel zur Problemstrukturierung

Die Problemstrukturierung ist also eine Aktivität, in der es darum geht, die **logischen Problemzusammenhänge** herauszuarbeiten. Die Hilfsmittel, die hierbei eingesetzt werden können, nennt man daher auch **Logikbäume**. Im allgemeinen unterscheidet man drei Arten solcher Logikbäume (Abbildung 6):

- Deduktiver Baum,
- Hypothesenbaum,
- Fragenbaum.

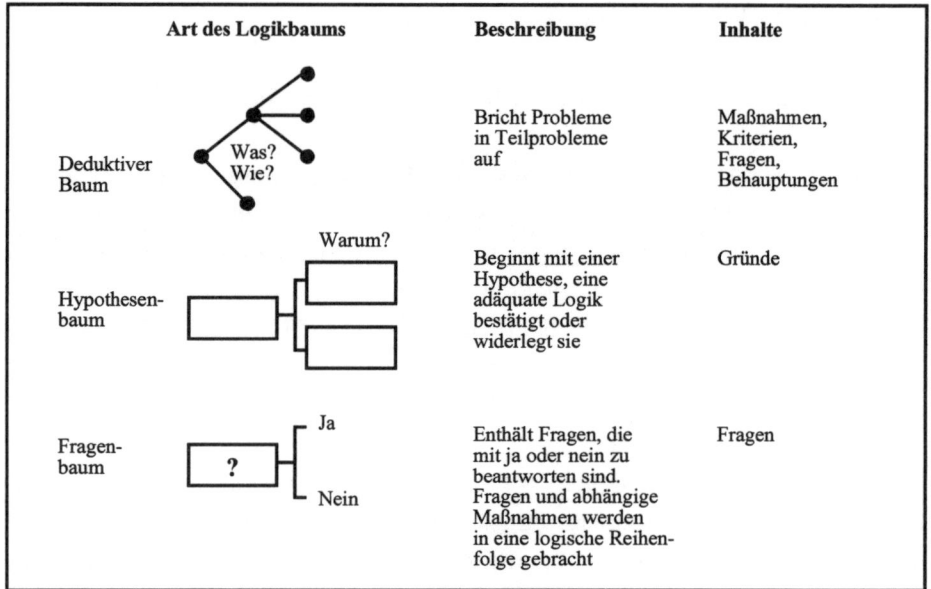

Art des Logikbaums	Beschreibung	Inhalte
Deduktiver Baum (Was? Wie?)	Bricht Probleme in Teilprobleme auf	Maßnahmen, Kriterien, Fragen, Behauptungen
Hypothesenbaum (Warum?)	Beginnt mit einer Hypothese, eine adäquate Logik bestätigt oder widerlegt sie	Gründe
Fragenbaum (? Ja / Nein)	Enthält Fragen, die mit ja oder nein zu beantworten sind. Fragen und abhängige Maßnahmen werden in eine logische Reihenfolge gebracht	Fragen

Abbildung 6:   Arten von Logikbäumen

(1)   Deduktiver Baum

Ein "deduktiver Baum" ist die einfachste Form eines Logikbaums zur Strukturierung von Problemen. Die in Abbildung 5 beispielhaft dargestellte Problemstruktur ist in Form eines deduktiven Baums entwickelt worden. Kennzeichen eines deduktiven Baums ist, dass er ein gegebenes Problem stufenweise in immer feinere Teilprobleme aufbricht[1].

---

[1]   Vgl. zu anderen Formen der logischen Deduktion Bronner, R.: Planung und Entscheidung, 3. Aufl., München 1999.

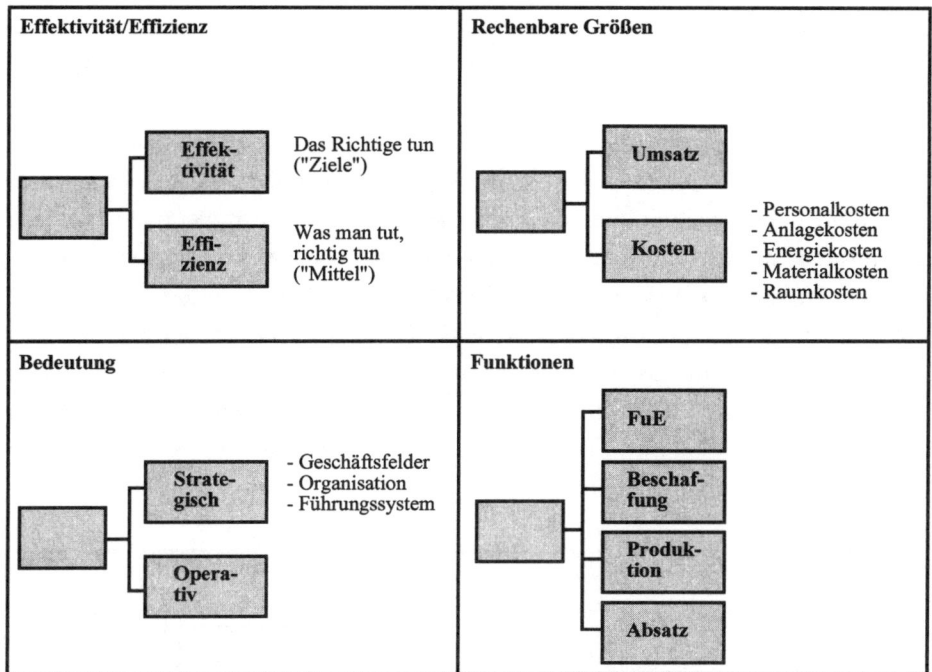

Abbildung 7:   Möglichkeiten zur Strukturierung deduktiver Bäume

Geht man von einem zu lösenden Problem aus, das am Ausgangspunkt (an der "Wurzel") des deduktiven Baums steht, so gelangt man in einem deduktiven Baum zur nächsten Problemebene (in die "Äste"), indem man Fragen nach dem "Wie" oder "Was" stellt und beantwortet. Lautet also das Ausgangsproblem z.B. "Steigerung der Ergebnissituation der Firma Bunsenbrenn", so führt die Beantwortung dieser Frage (hier: der Frage nach dem "Wie") auf der nächsten Strukturierungsebene zu den Aussagen "Umsatz steigern" bzw. "Kosten senken". Mit der gleichen Logik werden dann die weiteren Ebenen des Baums abgeleitet. Dabei stehen abhängig von dem untersuchten Problem und der Gliederungstiefe die unterschiedlichsten Strukturierungsansätze zur Verfügung. Abbildung 7 zeigt typische Ansätze, die sich bei betriebswirtschaftlichen Fragestellungen anbieten, um Probleme deduktiv zu strukturieren. Auch hier gilt, was bereits allgemein für die Problemstrukturierung gesagt wurde: die Wahl des Strukturierungsansatzes sollte so erfolgen, dass sie der Problembedeutung entspricht und am Ende der Problemstruktur zu konkreten Ansatzpunkten führt. Dies ist beispielsweise auch bei der in Abbildung 8 dargestellten ROI-Struktur der Fall, die logisch einen deduktiven Baum darstellt.

Der besondere Vorzug eines deduktiven Logikbaums besteht darin, dass er in allen Problemlösungssituationen eingesetzt werden kann. Auch wenn ein Problemlösungsteam noch relativ wenig Kenntnisse über sein Untersuchungsgebiet besitzt - das heißt: sich am Anfang eines Problemlösungsprozesses befindet -, lässt sich eine Problemstrukturierung mit Hilfe eines deduktiven Baums vornehmen. Der deduktive Aufbau des Baums hilft dabei, dass trotz geringer Vorkenntnisse kein Aspekt des Problems vergessen wird, weil man sich stufenweise vom Hauptproblem zu den Teilproblemen bewegt - und sich dabei auf jeder Ebene an der Anforderung der "MECE-ness" orientiert.

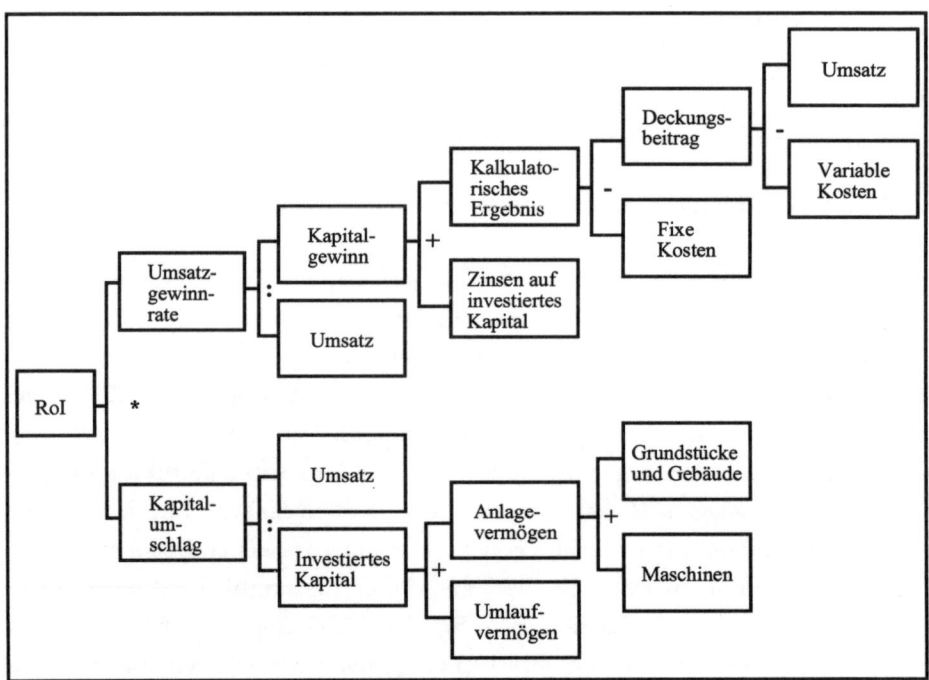

Abbildung 8:   ROI-Struktur als Beispiel eines deduktiven Baums

(2) Hypothesenbaum

Ein zweiter Typ eines Logikbaums zur Strukturierung von Problemen ist der so genannte "Hypothesenbaum". Ausgangspunkt eines Hypothesenbaums ist stets eine konkrete Hypothese über die Ursache bzw. die Lösung des untersuchten Problems. Das Ziel der Strukturierung besteht darin, eine schlüssige Logik zu entwickeln, mit deren Hilfe die Ausgangshypothese begründet oder widerlegt werden kann. Diese Logik erhält man, indem auf jeder Stufe der Problemstrukturierung nach Begründungen für die Aussagen auf der jeweils vorangehenden Strukturebene gesucht wird - also, indem die Frage nach dem "Warum" gestellt wird (Abbildung 9).

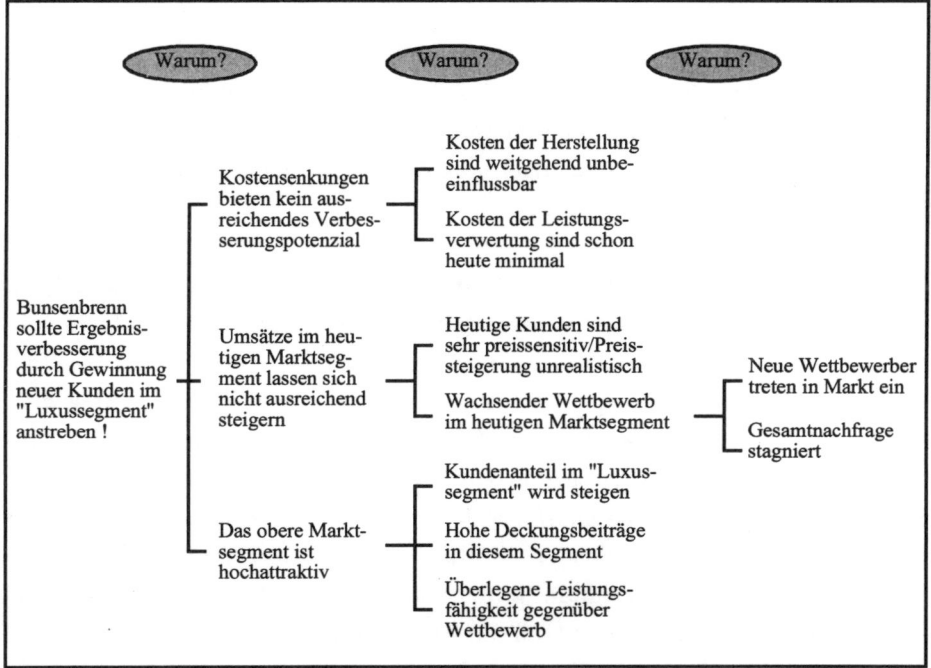

Abbildung 9:   Beispiel eines Hypothesenbaums

In unserem Beispiel könnte z.B. die Ausgangshypothese des Problemlösungsteams lauten: "Die Firma Bunsenbrenn sollte die Ergebnisverbesserung durch Gewinnung neuer Kunden im Luxussegment anstreben"! Zu dieser Hypothese kann das

Team natürlich nur dann kommen, wenn es schon über gewisse Erfahrungen und Vorkenntnisse bezüglich des Problems und seiner möglichen Ursachen verfügt. (Wäre dies nicht der Fall, so ist dem Team eher die Verwendung eines deduktiven Logikbaums zu empfehlen.) Von dieser Hypothese ausgehend erfolgt eine Problemstrukturierung, indem auf der nächsten Ebene nach möglichen Begründungen für die Ausgangshypothese gefragt wird ("Warum"). Auch hier gilt die Anforderung der "MECE-ness" - das heißt, die angeführten Begründungen müssen überschneidungsfrei und vollständig sein. Dies ist immer nur dann erfüllt, wenn auf jeder Ebene der Problemstruktur Begründungen angeführt werden, die einerseits alle positiven Argumente abdecken - jene Argumente, auf denen sich die Hypothese abstützt -; andererseits müssen aber auch die denkbaren negativen Argumente angesprochen werden, um alle anderen als die in der Ausgangshypothese angesprochenen Lösungsmöglichkeiten logisch auszuschließen. In Abbildung 9 lässt sich dies zum Beispiel anhand der ersten Begründungsebene nachvollziehen, auf der nicht nur argumentiert wird, dass "das Luxussegment hochattraktiv" sei, sondern gleichzeitig (negative) Begründungen für die anderen logisch abgrenzbaren Alternativen ("Kostensenkungen" bzw. "Umsatzsteigerungen in anderen Marktsegmenten") angeführt werden.

Anders als bei einer Problemstrukturierung mittels eines deduktiven Baums wird bei der Entwicklung eines Hypothesenbaums also nicht das ganze Problem vollständig erfasst und in Teilprobleme aufgespalten, sondern jeweils nur der Teilaspekt des Problems angesprochen, der unmittelbar in Beziehung zur jeweils übergeordneten Hypothese steht. Ein Hypothesenbaum als Instrument der Problemstrukturierung ist daher nicht in der Weise vollständig, wie es ein deduktiver Baum ist. Ein Hypothesenbaum ist jedoch in weit stärkerem Maße als ein deduktiver Baum mit der (anschließenden) Analyse von Problemen und der Suche nach Lösungsmöglichkeiten verknüpft. So muss auf jeder Strukturierungsebene nicht nur eine logische Struktur von (Teil-)Hypothesen entwickelt werden, sondern es muss zugleich darüber nachgedacht werden, wie - mit welchen Analysen - sich die Aussagen auf einer Ebene bestätigen oder widerlegen lassen. Hypothesenorientiertes Vorgehen heißt also zugleich, fokussierter in Richtung der Problemanalyse vorzugehen.

Ein Hypothesenbaum sollte daher nur in einer ganz bestimmten Problemsituation entwickelt und zur Problemstrukturierung eingesetzt werden - dann, wenn das Problemlösungsteam bereits über weitreichende Kenntnisse und Erfahrungen bezüglich der Problemlandschaft verfügt. Dies ist zum Beispiel dann der Fall, wenn in dem Team ausgewiesene "Problemexperten" vertreten sind. Verfügt das Team nicht über spezielle Problemkenntnisse oder -erfahrungen, sollte unbedingt ein deduktiver Baum zur Problemstrukturierung verwendet werden, um voreilige Schlussfolgerungen zu vermeiden. Überhaupt muss bei jeder Form der Hypothesenorientierung vor "Schnellschüssen" und vorgefassten Meinungen gewarnt werden: Hypothesenorientiertes Vorgehen ist nur dann zulässig, wenn die Problemlöser den Ergebnissen einer späteren Analyse ihrer Hypothesen neutral gegenüberstehen. Hypothesen können nämlich durch Analysen nicht nur bestätigt, sondern auch widerlegt werden. Ist diese Neutralität gesichert, so wird durch eine Problemstrukturierung mit Hilfe eines Hypothesenbaums nicht die spätere Lösung determiniert, wie es zunächst aussehen mag, sondern nur der Analyseweg des Problemlösungsteams.

(3) Fragenbaum

Der am schwierigsten anzuwendende Logikbaum zur Problemstrukturierung ist der so genannte "Fragenbaum". Er enthält keine Teilprobleme oder Hypothesen, sondern einzelne problemrelevante Fragen, die jeweils mit ja oder nein beantwortet werden können. Aufgabe der Problemstrukturierung ist es, diese Fragen in eine logische Reihenfolge zu bringen (Abbildung 10). Auf diesem Weg wird nicht nur das Problem strukturiert, sondern es wird zugleich aufgezeigt, unter welchen Bedingungen einzelne Teillösungen des Problems sinnvoll sein können. Hierdurch wird die spätere Problemlösung bereits stark vorgeprägt. Ein Fragenbaum kann daher nur von einem Problemlösungsteam entwickelt werden, das ein besonders hohes Problemverständnis für das jeweilige Untersuchungsgebiet hat und somit vielfältige Ideen über mögliche konkrete Ansatzpunkte entwickeln kann.

Die Erstellung eines Fragenbaums ist eine ausgesprochen schwierige Aufgabe. Sie erfolgt sinnvollerweise in vier Teilschritten:

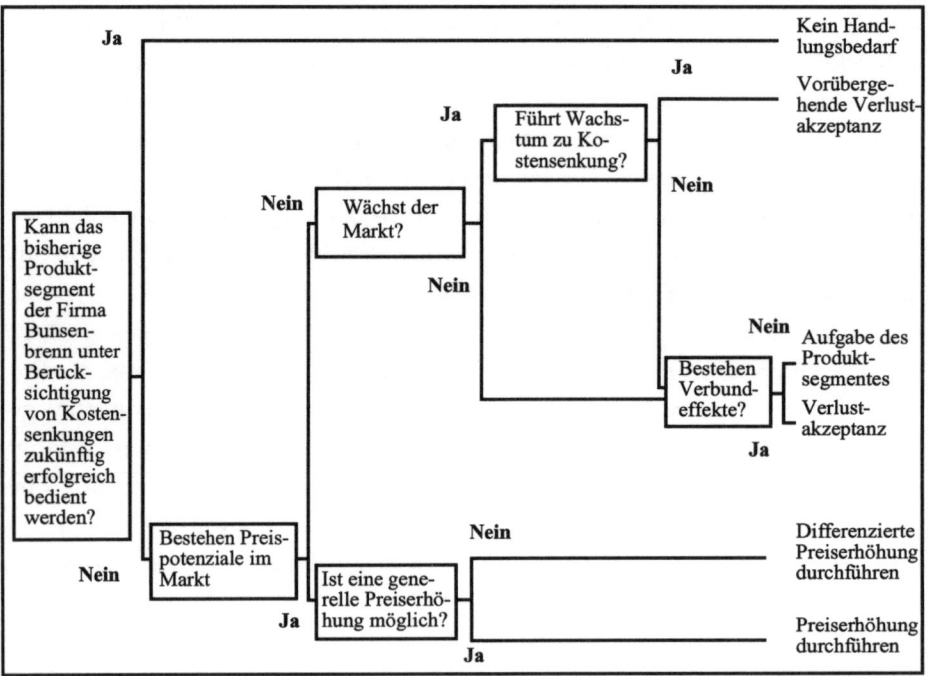

Abbildung 10:   Beispiel eines Fragenbaums

• **Definition der Kernfrage**

Zunächst ist die am Anfang des Fragenbaums (links) stehende Kernfrage zu bestimmen. Dies ist nur möglich, wenn ein hohes Problemverständnis vorhanden ist,
da die Kernfrage so präzise formuliert werden muss, dass ein nur durchschnittlich
oder gar unzureichend vorinformiertes Problemlösungsteam hierzu gar nicht in
der Lage wäre. In jedem Fall ist eine geschlossene Frage an den Anfang zu stellen
(also eine Frage, die nur mit ja oder nein zu beantworten ist); offene Fragen oder
bloße Feststellungen von Sachverhalten sind ungeeignet.

• **Ermittlung der Handlungsoptionen**

Handlungsoptionen sind die Maßnahmen, die auf der Basis des vorhandenen (hohen) Problemverständnisses prinzipiell für möglich gehalten werden. Sie sind am

Ende des Fragenbaums (rechts, am Ende der Äste) anzuordnen. Handlungsoptionen können Einzelmaßnahmen oder Maßnahmenbündel sein, die wiederum "MECE" sein müssen. Meist wird es so sein, dass ein erfahrenes Problemlösungsteam eine Vielzahl von Optionen ad hoc generieren kann; weitere Optionen können dann iterativ bei der Strukturierung der Zwischenebenen des Fragenbaums entwickelt werden.

- **Erarbeitung der Entscheidungsebenen**

Zwischen der Kernfrage und den Handlungsoptionen sind stufenweise die speziellen Fragen zu entwickeln und anzuordnen, deren Beantwortung (mit ja oder nein) schließlich zu den verschiedenen Handlungsoptionen führt. Diese Fragen in eine logische Struktur zu bringen, ist die eigentliche Schwierigkeit eines Fragenbaums. Dabei ist vor allem darauf zu achten, dass Fragen, die grundsätzliche Entscheidungsrichtungen trennen, tendenziell in einer vorderen Strukturebene (weiter links) angeordnet werden.

- **Ableitung von Analysen**

Der Fragenbaum ist besonders eng mit der Problemanalyse und der Suche nach Lösungsmöglichkeiten verknüpft. Unmittelbar im Zusammenhang mit der Erstellung des Baums sind daher auch die Analysen abzuleiten, die notwendig sind, um die Fragen auf den einzelnen Entscheidungsebenen beantworten zu können.

Alle drei Typen von Logikbäumen können wirkungsvolle Hilfsmittel sein, um eine Problemstruktur zu erarbeiten. Um das eigene Problemlösungsteam nicht in die Irre zu führen, ist bei der Wahl des Logikbaums jedoch stets die **Ausgangslage im Team** zu beachten (Abbildung 11). Handelt es sich um ein Problemlösungsteam, das die untersuchte Branche und das untersuchte Problem gut kennt, können die Strukturtypen eingesetzt werden, die Problemstrukturierung und Problemanalyse stärker verknüpfen bzw. fokussieren. Dies sind der Hypothesenbaum und noch stärker der Fragenbaum. Sind Branche und/oder Problemstellung für das Team unbekannt, ist in jedem Fall ein deduktiver Logikbaum empfehlenswert, da nur so sichergestellt werden kann, dass die Problemlandschaft vollständig abgebildet wird. In unserem Beispiel von Fred Klabuster und seinem Team, das offensichtlich am Anfang seiner Projektarbeit das Problem und dessen Zusammenhänge nur sehr unvollständig einschätzen konnte, wäre daher unbedingt eine Problemstrukturierung mit Hilfe eines deduktiven Baums angezeigt gewesen.

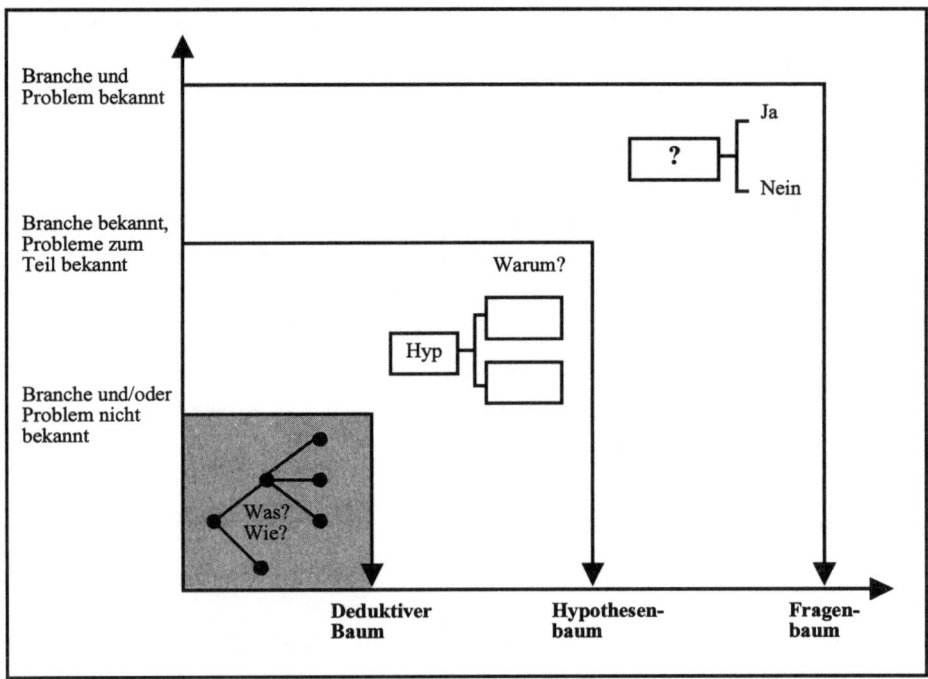

Abbildung 11: Anwendungsbedingungen der Logikbäume

Ein Wort der Warnung zum Schluss: So unerlässlich eine systematische Problemstrukturierung für die spätere Analysearbeit eines Problemlösungsteams ist, so wichtig ist es zugleich, die Problemstrukturierung nicht als Selbstzweck zu betrachten. Ein Team sollte sich deshalb selber "disziplinieren", indem es sich immer wieder fragt, ob es bei der Problemstrukturierung noch die so genannte "80:20-Regel" einhält: Erfahrungsgemäß kann nämlich auch bei der Problemstrukturierung ein relativ hoher Nutzen für die weitere Problembearbeitung (z.B. 80%) bereits mit einem vergleichsweise geringen Aufwand (z.B. 20%) erreicht werden, während die letzten 20% Nutzen meist einen mit 80% weit überproportional hohen Arbeitsaufwand erfordern (Abbildung 12).

Der Erfolg der Problemstrukturierung liegt nicht darin, dass die Struktur bis in die letzten Verästelungen perfekt ist. Viel wichtiger ist es, Problemebenen logisch zu hierarchisieren, konsistente Beziehungen zwischen den einzelnen Ebenen sicherzustellen, Lücken und Überlappungen zu vermeiden ("MECE" zu sein) und insgesamt das Schwergewicht der Betrachtung auf die Hauptansatzpunkte des Problems zu lenken. Anders ausgedrückt: Logikbäume müssen am Anfang der Problemstrukturierung nur bis zu einem gewissen Reifegrad ausgearbeitet werden, dann aber sind sie als Hilfsmittel für die weitere Problembearbeitung iterativ weiterzuentwickeln. Vollständig abgeschlossen werden sie wahrscheinlich nie sein.

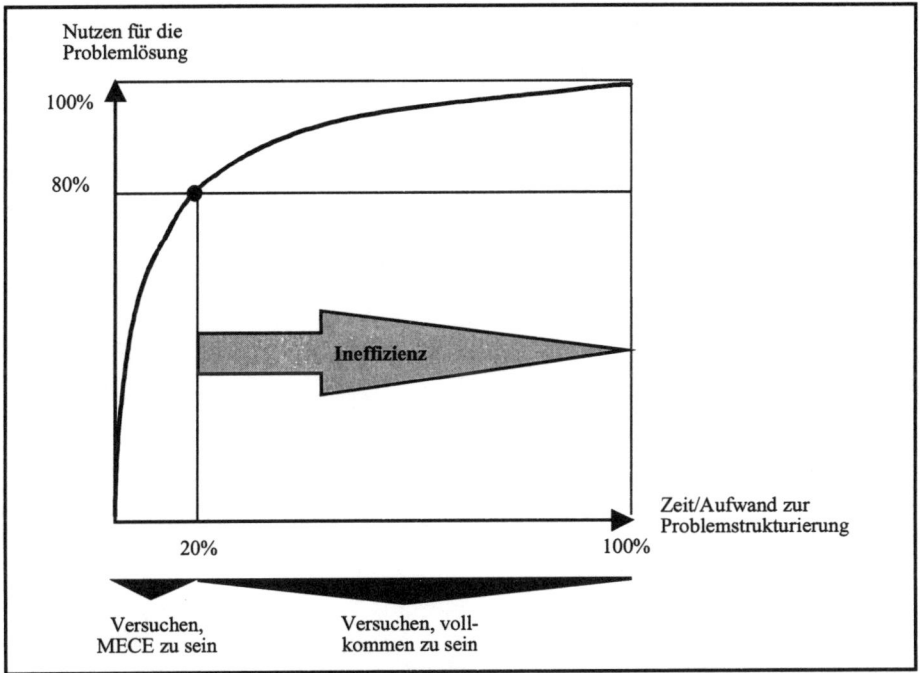

Abbildung 12: "80:20-Regel" der Problemstrukturierung

4. Probleme analysieren

4.1 Ausrichtung und Planung der Problemanalyse

"Wie bekommen wir sowas eigentlich heraus?"

Fred und sein Team waren trotz ihrer anfänglichen Verwirrung mit allem Einsatz dabei, nach einer neuen Strategie für ihre Firma zu suchen. "Schließlich", so sagte Fred, "haben wir Strategisches Management an der Universität gehört".

"Als erstes müssen wir mal eine Stärken-/Schwächen-Analyse machen, das ist immer der erste Schritt, wenn man eine Strategie entwickelt", so erinnerte sich der Herr Projektleiter an sein Studium. "Jawohl", warf Frau Warm ein, "und eine Portfolio-Analyse, die gehört auch dazu". "Und eine Lebenszyklus-Analyse, die ist bestimmt auch wichtig", ergänzte ihr Kollege Theodor. Und je länger die Projektgruppe nachdachte, desto mehr kam aus ihrer Erinnerung wieder zum Vorschein: Cash-Flow- und ROI-Analyse, Szenario-Technik und Forecasting-System, Fähigkeits- und Nutzwertanalyse und vieles mehr.

"Und dann müssten wir noch herausfinden, ob die Marktsegmente, in denen wir unsere Produkte anbieten, eigentlich langfristig attraktiv sind", meinte Fred. "Aber wie? Wie bekommen wir sowas eigentlich heraus?" Irgendwie, so stellten die Problemlöser fest, eignete sich nämlich keine der vielen Techniken, die ihnen aus Ihrem Studium wieder in die Erinnerung gekommen waren, unmittelbar dazu, diese und andere Fragen zu beantworten, die sie eigentlich interessierten. Also experimentierten sie, probierten dies und jenes und vergaßen über ihrer schönen Untersuchung vollständig, dass die Zeit immer weiter voranschritt, ohne dass sie zu Ergebnissen kamen. "Langsam müssen wir mal zu Potte kommen", meinte Fred, nachdem schon fast vier Monate ins Land gegangen waren: "So schwer kann es doch nicht sein, unsere Probleme zu analysieren und gute Ideen für eine neue Strategie zu entwickeln."

Leider ist es doch nicht so einfach, gute Ideen zu entwickeln. Aber Fred und seine Projektgruppe haben sich das Leben auch unnötig schwer gemacht. Wieder einmal sind sie ein gutes Beispiel für die Fehler, die man bei der Problemanalyse und der Suche nach Lösungsmöglichkeiten machen kann. Was hätten sie anders machen sollen, um zielführend an ihre Problemanalyse heranzugehen?

- **Die Analyse muss von den zu beantwortenden Fragen ausgehen.**

Der häufigste Fehler bei der Problemanalyse besteht darin, dass ein Problemlösungsteam bei der Analyse von dem ausgeht, was es glaubt zu wissen (den vorhandenen Informationen) oder glaubt anwenden zu müssen (die bekannten Analysetechniken). Keiner von beiden Ansätzen ist zweckmäßig, wie auch unser Team um Fred Klabuster erfahren musste. Ausgangspunkt für die Analyse müssen natürlich die Fragen sein, die beantwortet werden sollen - oder anders ausgedrückt: die Antworten, die gesucht werden. Bei einer methodischen Verknüpfung von Problemstrukturierung und Problemanalyse, wie sie im hier vorgestellten Problemlösungsprozess angelegt ist, können die gesuchten Antworten unmittelbar aus der Problemstruktur abgeleitet werden. Vorhandene Informationen und Techniken sind dann nur soweit interessant, wie sie zur Beantwortung dieser Fragen hilfreich sind. Die gezielte Ausrichtung der Analysearbeiten auf die zu beantwortenden Fragen und die gezielte Nutzung von Analysetechniken sind Voraussetzung dafür, dass nicht nur analysiert wird, sondern auch problemrelevante Antworten generiert werden, die ein "so what" beinhalten. Die Gefahr, sich ansonsten in der Vielzahl betriebswirtschaftlicher Techniken und Hilfsmittel zu verlieren, ohne wirklich lösungsorientierte Informationen zu generieren, ist groß.

- **Das notwendige Wissen muss "dezentral" erschlossen werden.**

Ein Problemlösungsteam, das glaubt, alles das zu wissen, was für die Problemanalyse und die spätere Problemlösung notwendig ist, ist unweigerlich zum Scheitern verurteilt. Wissen ist stets dezentral verteilt - in den Köpfen der unterschiedlichsten Menschen innerhalb und außerhalb des Unternehmens. Insofern ist Teamarbeit im Problemlösungsprozess ein erster und unerlässlicher Schritt, um unterschiedliches Wissen für die Problemlösung zu erschließen. Sie allein reicht jedoch nur in den seltensten Fällen aus. Nur wenn es einem Problemlösungsteam gelingt, auch das problemrelevante Wissen zugänglich zu machen, das außerhalb des Teams verfügbar ist, wird eine wirklich "intelligente" Problemlösung zustande kommen. Dieser Informationsgewinnung durch Interviews, Workshops, großzahlige Erhebungen oder die Aufbereitung vorhandener Datenquellen wird allzu oft viel zu wenig Aufmerksamkeit gewidmet.

Probleme zu analysieren bedeutet, das untersuchte Problem und seine einzelnen Teilaspekte zu verstehen, Ursachen von Problemen zu erkennen und Antworten zur Lösung erkannter Probleme zu finden. Die Problemanalyse steht - unbeschadet der Bedeutung der anderen Problemlösungsaktivitäten - im Mittelpunkt eines jeden Problemlösungsprozesses. In dieser Arbeit, in der es darum geht, eine Methodik zur Problemlösung vorzustellen, kann und soll natürlich nicht die gesamte Bandbreite möglicher Analysemethoden diskutiert werden. Vielmehr werden hier nur solche Methoden und Vorgehensweisen behandelt, die unabhängig von der Art und dem Inhalt der untersuchten Fragestellungen in (nahezu) allen Problemlösungsprozessen relevant sind und zu einer zweckmäßigen Vorgehensweise bei der Problemanalyse beitragen. Darüber hinaus soll am Beispiel ausgewählter betriebswirtschaftlicher Analysetechniken illustriert werden, wie diese (themenspezifischen) Hilfsmittel sinnvoll in einen Problemlösungsprozess eingebunden werden können.

Um zweckmäßig an eine Problemanalyse heranzugehen, sind zunächst die **Analysetätigkeiten in inhaltlicher und zeitlicher Hinsicht zu planen**. Diese Planung sollte auf der zuvor entwickelten Problemstruktur aufbauen (Abbildung 13). Die Problemstruktur zeigt die zu untersuchenden inhaltlichen Fragen; weiterhin kann von den in der Struktur abgebildeten Zusammenhängen und Prioritäten auf eine sinnvolle Bearbeitungssequenz der einzelnen Teilfragen geschlossen werden. Ganz wichtig ist die Konzentration auf die wichtigsten der in der Problemstruktur abgebildeten Aspekte der Problemlösung, um eine Verzettelung zu vermeiden. Aspekte mit zunächst geringerer Priorität können später oder gegebenenfalls in einem Nachfolgeprojekt bearbeitet werden. Insofern setzt eine zielorientierte Problemanalyse stets voraus, dass zuvor eine vollständige Problemstrukturierung vorgenommen worden ist.

Zur methodischen Verknüpfung von Problemstruktur und Problemanalyse eignet sich ein **Analyseplan,** wie er in Abbildung 14 beispielhaft wiedergegeben ist. In diesem Analyseplan wird angegeben, auf welche Weise eine ganz bestimmte Frage durch die Problemanalyse beantwortet werden kann. Ein Analyseplan kann im Team auf der Basis der Problemstruktur erstellt werden und sollte im einzelnen vier Teilaspekte ansprechen:

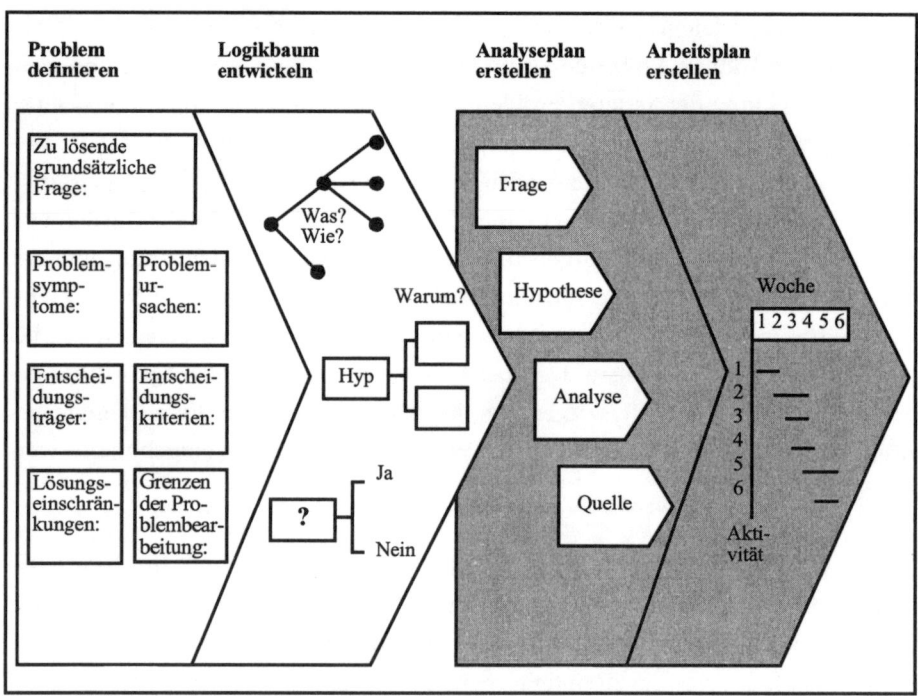

Abbildung 13:   Verknüpfung von Problemstruktur und Problemanalyse

•   **"Frage"**

Ausgangspunkt für die Analyseplanung sind einzelne Fragen, die bei der Problemstrukturierung auf den unterschiedlichen Strukturebenen als wichtig erkannt worden sind. Im Prinzip handelt es sich dabei um zu klärende Fragen, die jeweils mit "Ja" oder "Nein" beantwortet werden können und von deren Beantwortung abhängt, ob einzelne Maßnahmen durchgeführt werden sollen oder nicht. Die in der Problemstruktur aufgeworfenen Fragen können entsprechend ihrer Priorität in den Analyseplan umgesetzt werden; werden alle aufgeworfenen Fragen übernommen, so ist die Vollständigkeit der Problemanalyse gesichert.

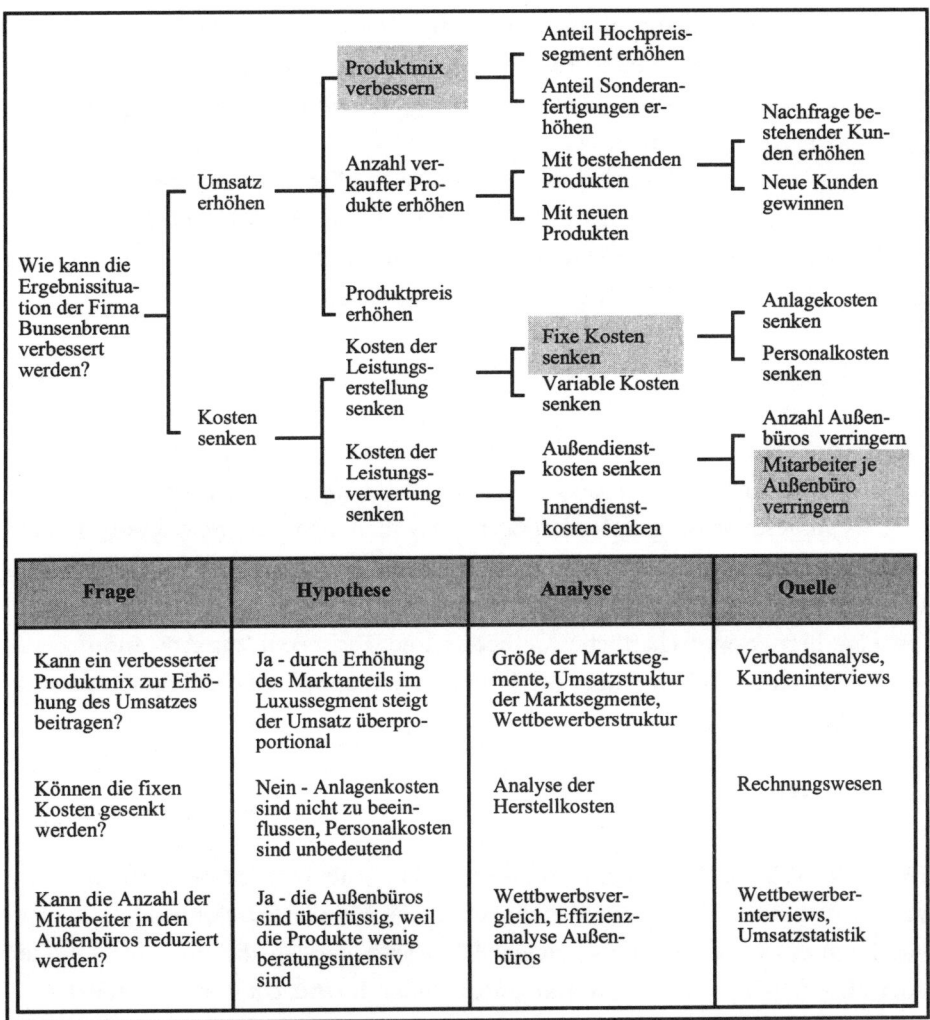

Frage	Hypothese	Analyse	Quelle
Kann ein verbesserter Produktmix zur Erhöhung des Umsatzes beitragen?	Ja - durch Erhöhung des Marktanteils im Luxussegment steigt der Umsatz überproportional	Größe der Marktsegmente, Umsatzstruktur der Marktsegmente, Wettbewerberstruktur	Verbandsanalyse, Kundeninterviews
Können die fixen Kosten gesenkt werden?	Nein - Anlagenkosten sind nicht zu beeinflussen, Personalkosten sind unbedeutend	Analyse der Herstellkosten	Rechnungswesen
Kann die Anzahl der Mitarbeiter in den Außenbüros reduziert werden?	Ja - die Außenbüros sind überflüssig, weil die Produkte wenig beratungsintensiv sind	Wettbwerbsvergleich, Effizienzanalyse Außenbüros	Wettbewerberinterviews, Umsatzstatistik

Abbildung 14: Beispiel eines Problemanalyseplans

- **"Hypothese"**

Um die Analyse zu fokussieren empfiehlt es sich dann, für jede der zu untersuchenden Fragen eine Hypothese zu entwickeln, die eine Behauptung über die wahrscheinliche Antwort auf die entsprechende Frage mit einer Begründung für diese Behauptung beinhaltet. Aus der Begründung lassen sich meist unmittelbar die notwendigen Analysen ableiten, bei deren Durchführung erkannt wird, ob die gewählte Hypothese zutrifft oder nicht. Auch hier - ähnlich wie auch bei der Anwendung eines Hypothesenbaums im Rahmen der Problemstrukturierung - muss das Problemlösungsteam jedoch den Ergebnissen der Analyse vollkommen neutral gegenüber stehen. Eine Hypothese beschreibt nicht das gewünschte, sondern nur das als wahrscheinlich eingeschätzte Analyseergebnis.

- **"Analyse"**

Um Hypothesen zu klären - sie zu bestätigen oder zu widerlegen -, sind die eigentlichen Problemanalysen durchzuführen. Ziel einzelner Analysen ist es, die für die Hypothesenklärung erforderlichen Informationen zu generieren. Welche Analysen sinnvoll bzw. notwendig sind, wird meist schon bei der Hypothesenformulierung sichtbar. Bei der Durchführung von Analysen kommen im Regelfall einzelne betriebswirtschaftliche Methoden und Techniken zur Anwendung, die der Gewinnung, Aufbereitung oder Interpretation der jeweils benötigten Informationen dienen.

- **"Quelle"**

Der letzte Teil der Analyseplanung besteht darin, die Quellen bzw. Mittel aufzuzeigen, aus denen (bzw. mit denen) die Daten für die Durchführung einzelner Analysen gewonnen werden können. Hierdurch werden die für die konkreten Analysearbeiten notwendigen Aktivitäten weiter durchdacht und vorbereitet.

Ist die Problemanalyse inhaltlich vorbestimmt, geht es im nächsten Schritt darum, Analysetätigkeiten in zeitlicher Hinsicht zu planen und die Verantwortlichkeiten für einzelne Aktivitäten auf die Teammitglieder zu verteilen. Diese **Zeitplanung** baut auf der inhaltlichen Analyseplanung auf. Sie bestimmt im Kern die Reihenfolge, in der einzelne Aktivitäten vollbracht werden sollen; damit legt sie fest, welche Projektaufgaben parallel und welche sequenziell ausgeführt werden. Ganz wichtig ist es, im Rahmen dieser Zeitplanung Meilensteine zu setzen und Zeitpunkte für Zwischenpräsentationen für den Auftraggeber vorzusehen. Damit bildet die Zeitplanung gleichzeitig auch die Basis für eine relativ gut fundierte Zeit- und auch Kostenschätzung des Projekts und hilft so, spätere Überraschungen zu vermeiden. Gleichzeitig unterstützt die Zeitplanung bei der Identifikation kritischer Projektaktivitäten – solcher Aktivitäten, bei denen eine Verzögerung den Gesamtverlauf des Projekts beeinflusst. Im weiteren Projektverlauf dient die Zeitplanung dann als Basis für die Projektfortschrittskontrolle und ein rechtzeitiges Gegensteuern, wenn etwas aus dem Ruder läuft. Ganz entscheidend für die Einhaltung eines Zeitplans ist dabei, dass für jede Projektaktivität ein Verantwortlicher bestimmt wird, der für die Erfüllung dieser Aufgabe "den Kopf hinhalten muss". Abbildung 15 zeigt das Beispiel einer solchen Zeitplanung.

4.2 Informationsgewinnung als Grundlage der Problemanalyse

4.2.1 Aufgaben und Ziele der Informationsgewinnung

Aufbauend auf der inhaltlichen und zeitlichen Analyseplanung besteht die nächste Aufgabe eines Problemlösungsteams darin, die für die Problemanalyse notwendigen Daten und Informationen zu erheben, auszuwerten und zu interpretieren. Für alle wichtigen Teilanalysen sollte bereits sehr frühzeitig geprüft werden, ob die benötigten Daten verfügbar, beschaffbar oder entwickelbar sind, damit gegebenenfalls notwendige Aktivitäten zur **Informationsgewinnung** in der Arbeitsplanung des Teams berücksichtigt werden können.

Die Gewinnung der für die Problemlösung relevanten Informationen ist in der Realität mit einer Reihe grundlegender Schwierigkeiten verbunden. Unter diesen ist das Phänomen der **Unsicherheit** das Bedeutendste. Ob ein Wettbewerber in den Markt eintritt, ob ein Kunde ein bestimmtes Produkt nachfragt, ob sich die Konjunktur in der angenommenen Weise entwickelt - all diese Fragen können nicht sicher beantwortet werden, weil sie sich auf die Zukunft beziehen. Nur Informationen mit Zukunftsbezug können aber dabei helfen, über die Lösung eines

Problems zu entscheiden. Eine weitere Schwierigkeit besteht darin, dass sich Zusammenhänge zwischen verschiedenen Faktoren und Ereignissen häufig als komplex und daher nicht leicht durchschaubar erweisen. Auch diese **Komplexität** macht eine umfassende Informationsgewinnung zu einem überaus schwierigen Unterfangen. Und schließlich sind es auch die an der Analyse Beteiligten selbst, die zu Problemen führen: die Wahrnehmung aller an der Problemlösung beteiligten Personen wird - wie bei allen Menschen - von ihrem Wissen und ihren Erfahrungen beeinflusst. Sie nehmen die Realität nicht objektiv, sondern subjektiv wahr - sie sind voreingenommen ("**bias**"). Dies kann dazu führen, dass nur bestimmte Informationen erfasst und verarbeitet werden: vor allem solche, die den vorherrschenden Meinungen und vergangenen Erfahrungen der handelnden Personen entsprechen. Informationen, die Gewohntes und Bekanntes in Frage stellen, werden hingegen oft übersehen[1].

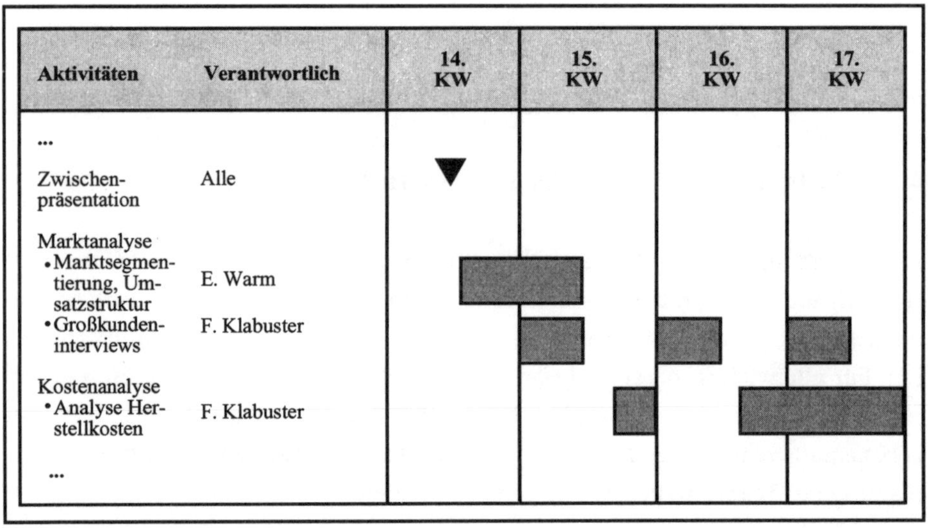
Aktivitäten
Verantwortlich
14. KW
15. KW
16. KW
17. KW
...
Zwischen-präsentation
Alle
Marktanalyse
• Marktsegmentierung, Umsatzstruktur
E. Warm
• Großkunden-interviews
F. Klabuster
Kostenanalyse
• Analyse Herstellkosten
F. Klabuster
...

Abbildung 15: Beispiel eines Projektzeitplans

1 Vgl. Hungenberg, H.: Strategisches Management in Unternehmen, 2. Aufl., Wiesbaden 2001, S. 74 ff.

Vor diesem Hintergrund wird klar, dass es einem Problemlösungsteam in der Realität nie gelingen wird, alle relevanten Informationen zu gewinnen oder auch nur die Informationen, die vorhanden sind, vollständig zu verarbeiten. Probleme müssen unter den Bedingungen "**unvollkommener Information**" gelöst werden. Daher ist es notwendig, Methoden zu kennen, die das Problemlösungsteam bei der systematischen und problembezogenen Informationsgewinnung soweit wie möglich unterstützen. Man muss aber auch wissen, wann sich die Anwendung welcher Methode empfiehlt. Nicht alle Methoden sind für alle Informationszwecke geeignet, da sie entweder für einen bestimmten Zweck zu kostspielig sind oder nicht zu verlässlichen Informationen führen. Ob eine Methode der Informationsgewinnung im Einzelfall geeignet ist, kann anhand der folgenden **Anforderungen** beurteilt werden:

- **Relevanz**: Relevant sind nur solche Informationen, die für eine konkrete Entscheidung benötigt werden. Welche qualitativen und quantitativen Daten im Einzelfall relevant sind, lässt sich daher nur mit Blick auf das konkret zu lösende Problem beantworten. Allgemein gilt jedoch, dass immer geprüft werden sollte, warum und wozu eine bestimmte Information benötigt wird, bevor die entsprechende Analyse angestoßen wird.

- **Gültigkeit**: Die Qualität einer Analyse ist nur dann gewährleistet, wenn die gewonnenen Informationen auch tatsächlich den zu untersuchenden Sachverhalt beschreiben. Wenn beispielsweise Aussagen über die Innovationsleistungen eines Unternehmens gewonnen werden sollen, so sind sicher der Umsatzanteil neuer Produkte oder die Anzahl angemeldeter Patente bessere (gültigere) Indikatoren als die Anzahl der Mitarbeiter im Forschungs- und Entwicklungsbereich.

- **Zuverlässigkeit**: Analysen führen nur dann zu wertvollen Ergebnissen, wenn die zugrunde liegenden Daten nicht durch Erhebungs-, Mess- oder Auswertungsfehler beeinträchtigt werden. Im konkreten Anwendungsfall sollte immer überprüft werden, ob Informationen in diesem Sinne zuverlässig sind. Dies kann zum Beispiel durch Parallelanwendung unterschiedlicher Messinstrumente (Paralleltests) oder durch die Wiederholung einer Untersuchung zu unterschiedlichen Zeitpunkten (Test-Retest-Verfahren) erfolgen.

- **Objektivität**: Informationen sollen so gewonnen werden, dass sie (möglichst) unabhängig von demjenigen sind, der die Untersuchung durchführt oder die Ergebnisse nutzt. Individuelle Einflüsse auf die Erhebung der Informationen oder ihre Auswertung sollen soweit wie möglich vermieden werden; insbesondere muss vermieden werden, dass Informationen im Interesse eines gewünschten Ergebnisses "gefärbt" werden.

- **Aktualität**: Entscheidungen, mit denen die Zukunft des Unternehmens beeinflusst werden sollen, dürfen nicht auf Informationen basieren, die den interessierenden Sachverhalt nicht mehr zutreffend beschreiben, weil sie veraltet sind. Eine Analyse erfüllt daher nur dann ihren Zweck, wenn sie aktuelle Informationen entwickelt. Diese Anforderung wird umso wichtiger, je schneller sich die Umfelder oder das Unternehmen selbst verändern.

- **Wirtschaftlichkeit**: Nicht zuletzt muss die Informationsbeschaffung - wie alle Aktivitäten eines Unternehmens - wirtschaftlich sinnvoll sein. Konkret bedeutet dies, dass die Kosten der Informationsbeschaffung den Nutzen, der aus diesen Informationen gezogen werden kann, nicht übersteigen dürfen.

Bei einer systematischen Informationsgewinnung, die diesen Anforderungen genügt, können gedanklich drei Teilschritte unterschieden werden. Der erste Schritt, die **Erhebung von Informationen,** zielt darauf ab, geeignete Informationsquellen zu bestimmen und notwendige Untersuchungen - zum Beispiel empirische Untersuchungen - durchzuführen. Im zweiten Schritt müssen dann die erhobenen **Informationen ausgewertet** werden. Dazu stehen unterschiedliche Verfahren der univariaten, bivariaten und multivariaten Analyse zur Verfügung. Im dritten Schritt sind dann diese **Informationen zu interpretieren** und in eine entscheidungsreife Form zu überführen (Abbildung 16). Die wichtigsten Teilaspekte eines solchen Informationsgewinnungsprozesses werden im Folgenden beschrieben[1].

---

[1]   Vgl. Hungenberg, H.: Strategisches Management in Unternehmen, 2. Aufl., Wiesbaden 2001, S. 74 ff.

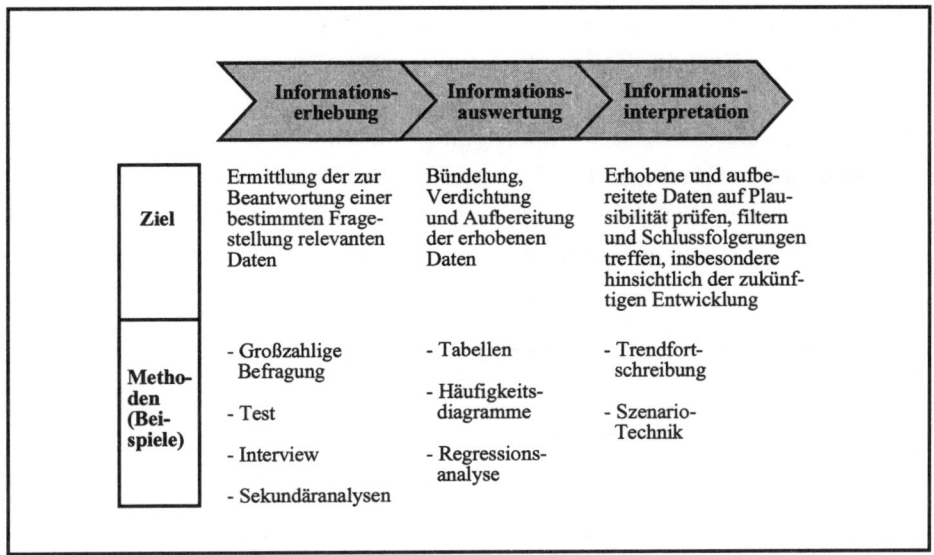

Abbildung 16:   Schritte im Informationsgewinnungsprozess

4.2.2   Erhebung von Informationen

4.2.2.1   Informationsquellen

Am Anfang der Informationsgewinnung steht die Frage, ob interessierende Informationen bereits vorliegen oder erst noch erhoben werden müssen. Im ersten
Fall können Daten genutzt werden, die bereits früher für ähnliche oder andere
Zwecke gewonnen worden sind. Man spricht dann auch von **Sekundärdaten** bzw.
Sekundärforschung. Im zweiten Fall - der Gewinnung von **Primärdaten** - muss eine eigenständige Erhebung durchgeführt werden, um die benötigten Informationen zu gewinnen. Sinnvollerweise sollte natürlich zunächst in vorhandenen Datenquellen nach den benötigten Informationen zu suchen und nur für noch feh-
lende Informationen eine eigenständige Erhebung durchzuführen.Zu fast allen
Fragen, die im Rahmen der Problemanalyse interessieren, stehen in irgendeiner
Form Sekundärdaten zur Verfügung. Abbildung 17 gibt einen Überblick über die
wichtigsten Quellen solcher Sekundärdaten. Sie können bei der Analyse betriebs-

wirtschaftlicher Fragestellungen in vielfältiger Weise genutzt werden. So bilden beispielsweise Daten der Buchhaltung und Kostenrechnung eine wichtige Grundlage für die finanzielle Analyse. Aber auch Daten, die unternehmensextern verfügbar sind, können wichtige Anhaltspunkte liefern - etwa Daten, die von Wirtschaftsverbänden bereitgestellt werden und unter Umständen Rückschlüsse auf Marktanteile und Kostenstrukturen anderer Unternehmen zulassen, oder auch veröffentlichte Statistiken, die Aussagen zur Konjunktur- und Nachfrageentwicklung gestatten[1].

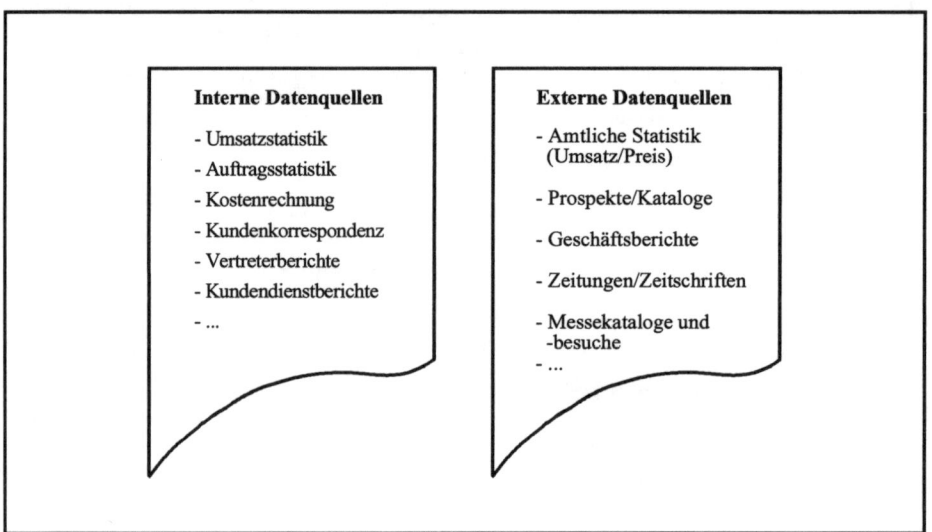

Abbildung 17:   Überblick über Sekundärdatenquellen

Sekundärdaten bieten vielfältige Vorteile. Ihr größter Vorzug besteht darin, dass sie schnell und kostengünstig zur Verfügung stehen. Oft können sie durch eine Recherche in Bibliotheken, Datenbanken oder im Internet innerhalb kurzer Zeit erhoben werden. Selbst wenn Sekundärdaten von externen Institutionen (zum Beispiel Marktforschungsunternehmen) gekauft werden müssen, fallen in der Regel geringere Kosten an als bei einer eigenständigen Untersuchung, da die Daten mehreren Nutzern zur Verfügung gestellt werden, die sich die Kosten teilen.

---

[1]   Vgl. Hammann, P., Erichson, B.: Marktforschung, 4. Aufl., Stuttgart 2000, S. 61 ff.

Wenn Sekundärdaten von spezialisierten Anbietern gewonnen werden, besitzen diese oft sogar eine bessere Qualität und Genauigkeit, als ein interessiertes Unternehmen sie selbst erreichen könnte.

Trotz dieser Vorteile kann der Einsatz von Sekundärdaten im Rahmen einer Problemanalyse aber auch gefährlich sein. Ex definitione handelt es sich bei ihnen nämlich um Informationen, die in der Vergangenheit und für andere Zwecke erhoben worden sind. Sie sind insofern oft veraltet und nicht immer für das betrachtete Problem wirklich geeignet. Darüber hinaus besteht bei Sekundärdaten immer Unsicherheit über die Datenzuverlässigkeit, das heißt über mögliche Fehler bei ihrer Erhebung oder Auswertung. Sekundärdaten sind daher stets gründlich auf ihre Einsetzbarkeit zu prüfen.

Wenn die durch Sekundärforschung ausgewerteten Informationen für den Untersuchungszweck nicht ausreichen, müssen die fehlenden Daten durch Primärforschung - also durch eigene Untersuchungen - beschafft werden. Dafür stehen verschiedene Methoden der Datenerhebung zur Verfügung. Zu den im Rahmen von Projekten bedeutendsten Methoden zählen Feldstudien und Tests sowie - ganz besonders - Interviews. Sie werden daher im Folgenden exemplarisch vorgestellt. Natürlich existieren noch weitere Erhebungsmethoden, auf die aber an dieser Stelle nicht explizit eingegangen werden kann.

4.2.2.2 Informationsgewinnung durch Feldstudien und Tests

Um für eine bestimmte Zielgruppe konkrete und mit Hilfe statistischer Verfahren auswertbare Informationen zu erhalten, müssen **großzahlige, standardisierte Befragungen** - so genannte **Feldstudien** - durchgeführt werden[1]. Generell lassen sich schriftliche und mündliche Befragungen mit oder ohne technische Unterstützung (z.B. Visualisierungen, Computer) unterscheiden. Problemlösungsteams führen

---

[1]   Vgl. ausführlich Meffert, H.: Marketingforschung und Käuferverhalten, 2. Aufl., Wiesbaden 1992, S. 201 ff.; Schnell, R., Hill, P., Esser, E.: Methoden der empirischen Sozialforschung, 6. Aufl., München 1999, S. 297 ff.

diese Art der Datenerhebung allerdings meist nicht selbst durch, sondern nehmen dafür die Dienste von Marktforschungsinstituten in Anspruch.

Großzahlige Befragungen basieren auf einem standardisierten **Fragebogen**, der zur leichteren Auswertung überwiegend geschlossene Fragen enthält - also solche, die mit ja oder nein beantwortet werden können oder für die mögliche Antworten bereits vorgegeben sind. Dadurch soll gewährleistet werden, dass die in großer Zahl anfallenden Einzelaussagen unmittelbar vergleichbar und statistisch auswertbar sind. Dieses Ziel wird jedoch nur dann erreicht, wenn entsprechende Sorgfalt auf die Gestaltung des Fragebogens verwendet wird. So sollten die Fragen nicht zu lang und einfach formuliert sein und beispielsweise keine komplizierten Sätze enthalten. Gleichzeitig muss aus der Frage deutlich hervorgehen, welche Inhalte angesprochen werden und welcher Genauigkeitsgrad der Antwort erwartet wird. Darüber hinaus sollten die Befragten nicht durch erklärungsbedürftige Begriffe oder lange Listen möglicher Antworten überfordert werden. Schließlich sollten die Fragen so neutral wie möglich gestellt werden, um nicht eine bestimmte Antwort zu suggerieren[1].

Im Fragebogen werden die einzelnen Fragen geordnet. Üblicherweise stehen neutrale Fragen sowie Fragen, die das Interesse des Befragten wecken sollen, am Anfang, um die Befragung überhaupt erst in Gang kommen zu lassen. Jeder neue Themenkomplex wird durch Übergangsfragen eingeleitet. Um die Verlässlichkeit der Antworten zu prüfen, bietet es sich an, zu einzelnen Aspekten Kontrollfragen zu stellen, indem eine Frage in etwas veränderter Form an späterer Stelle des Fragebogens wiederholt wird.

Die Anzahl der im Rahmen einer Befragung anzusprechenden Personen richtet sich nach dem Untersuchungszweck. Meist wird eine Zufallsauswahl aus der betroffenen Grundgesamtheit gebildet. Die notwendige Stichprobengröße kann dann mittels statistischer Verfahren berechnet werden, wenn die Größe der Grundgesamtheit und das angestrebte Signifikanzniveau bekannt sind.

---

[1]   Vgl. Friedrichs, J.: Methoden empirischer Sozialforschung, 14. Aufl., Opladen 1990, S. 192 ff.

Ein generelles Problem der Befragung ist die oft mangelnde Auskunftsbereitschaft der Befragten. Bei mündlichen Befragungen äußern sich in der Regel 50 bis 60 Prozent der angesprochenen Personen. Bei schriftlichen Befragungen werden häufig sogar nur Rücklaufquoten von 10 bis 20 Prozent erreicht. Diese niedrige Antwortquote stellt ein Problem dar, weil sie zu einer Verzerrung der Untersuchungsergebnisse führen kann. Es ist nämlich nicht zu erwarten, dass die Antwortenden eine Zufallsauswahl aus der Stichprobe darstellen, sondern eher, dass bestimmte Gruppen im Fragebogenrücklauf überrepräsentiert sind. Durch telefonische oder schriftliche Nachfassaktionen lässt sich die Rücklaufquote allerdings oft steigern und dementsprechend die Verzerrung verringern.

Befragungen werden beispielsweise im Rahmen der Marktforschung zur Ermittlung der Präferenzen und des Verhaltens von Kunden eingesetzt. Sie dienen in diesem Rahmen als wichtige Grundlage für Entscheidungen über Produkteigenschaften oder über eine zukünftige Produktpositionierung. Nachteilig wirken sich allerdings die hohen Kosten aus, die mit Befragungen, insbesondere mit persönlichen Interviews, verbunden sind. Um die Kosten zu senken, werden daher vor allem von Marktforschungsinstituten häufig so genannte Omnibusbefragungen eingesetzt. Diese Befragungen fassen mehrere Befragungen zu ganz unterschiedlichen Themen in einer einzelnen zusammen. Eine hohe Bedeutung erlangen auch Panel-Befragungen. Dabei handelt es sich um wiederholte Befragungen zum gleichen Thema bei der gleichen Zielgruppe. Veränderungen des Verbraucherverhaltens im Zeitablauf können so erkannt werden. Insgesamt stellt die Befragung ein wirksames, aber auch nicht ganz einfaches Instrument zur Datenerhebung dar, das Sorgfalt sowohl in der Planung als auch in der Durchführung verlangt - dann aber auch wirkungsvolle Ergebnisse liefern kann.

Testverfahren werden insbesondere bei Problemen aus dem Bereich der Marktforschung angewandt, um konkrete Ursache-Wirkungs-Zusammenhänge aufzudecken[1]. Tests basieren auf einem experimentellen Design, mit dessen Hilfe die Auswirkungen bestimmter unabhängiger Variablen auf bestimmte abhängige Variablen untersucht werden sollen, während der Einfluss so genannter Störvaria-

---

1   Einen Überblick über Testverfahren gibt Meffert, H.: Marketingforschung und Käuferverhalten, 2. Aufl., Wiesbaden 1992, S. 232 ff.

blen weitgehend ausgeschlossen wird. Testverfahren werden insbesondere in Form von Produkt- und Markttests bei Produktneueinführungen eingesetzt. Beim **Produkttest** wird in der Regel ausgewählten Personen das zu testende Produkte unentgeltlich überlassen, um anschließend deren subjektive Eindrücke oder Urteile über das Produkt oder einzelne Produktteile zu erfragen. Beim **Markttest** wird ein Produkt in einem regional begrenzten Gebiet angeboten - einschließlich der dazugehörigen Maßnahmen, wie Werbung oder Verkaufsförderung. Das Ziel dieser - naturgemäß relativ teuren - Tests besteht jeweils darin, die Marktchancen eines Produkts unter möglichst realen Bedingungen zu überprüfen, bevor das Produkt tatsächlich auf den Markt gebracht wird. Solche Testverfahren sind dementsprechend vor allem für Absatz- bzw. Marketing-orientierte Fragestellungen von Bedeutung.

4.2.2.3   Informationsgewinnung durch Interviews

Insbesondere bei Projekten, in denen die Bearbeitung komplexer, neuartiger Probleme im Vordergrund steht, können großzahlige Befragungen oder Tests nur in eingeschränktem Maße eingesetzt werden. Daher kommt vor allem **Interviews** mit "Wissensträgern" innerhalb und außerhalb des Unternehmens eine besondere Bedeutung zu. Interviews sind eine reichhaltige Informationsquelle für nahezu alle Fragestellungen, da sie es gestatten, das dezentral verfügbare Wissen für die Problembearbeitung zu erschließen. Zudem sind sie viel besser als jede andere Form der Informationsgewinnung geeignet, in einem Arbeitsschritt Informationen zu erheben, zu hinterfragen und auf ihre Plausibilität hin zu überprüfen. Gleichzeitig erlauben Interviews den Mitgliedern eines Problemlösungsteams in ganz hervorragender Weise, ein persönliches Bild von einer bestimmten Situation oder einem bestimmten Bereich zu gewinnen. Solche persönlichen Eindrücke erweisen sich vielfach bei der Lösungsfindung als sehr wertvoll.

Um Interviews als Instrument der Informationsgewinnung zweckmäßig einzusetzen, sind Aktivitäten der Interviewvorbereitung, -durchführung und -nachbereitung erforderlich (Abbildung 18).

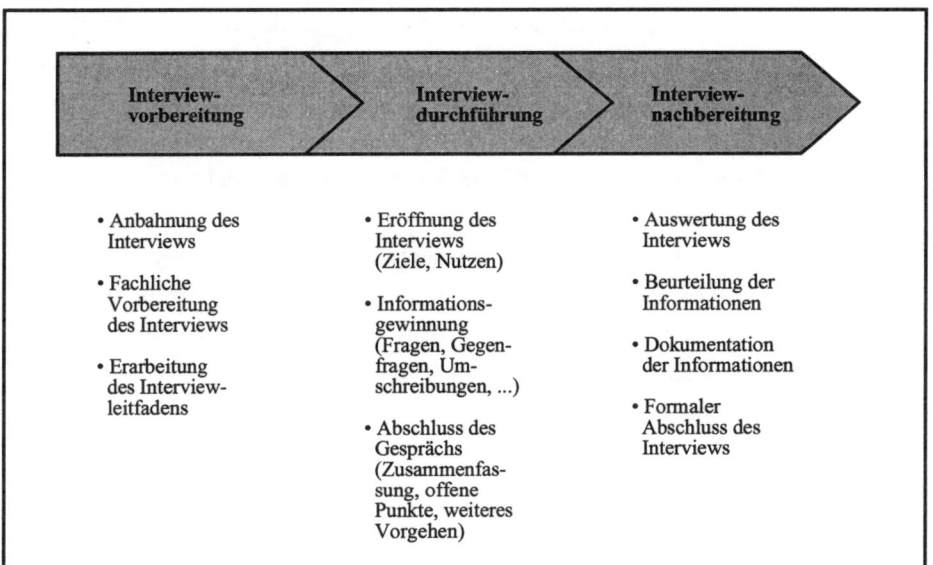

Abbildung 18:   Informationsgewinnung durch Interviews

● **Vorbereitung von Interviews**

Wie schon bei einigen anderen Problemlösungsaktivitäten erwähnt, so gilt auch hier, dass die Vorbereitung der Schlüssel zum späteren (Interview-)Erfolg ist. Die Interviewvorbereitung dient natürlich zum einen der Anbahnung des späteren Interviews (Kontaktaufnahme, Terminvereinbarung etc.), zum anderen hat sie aber auch den Zweck, **das Interview fachlich vorzubereiten** - das heißt: die Inhalte des Interviews zu bestimmen und in einen Interviewleitfaden umzusetzen. Die inhaltliche Vorbereitung von Interviews besitzt große Bedeutung, da angesichts der Tatsache, dass insbesondere wichtige Interviewpartner in der Regel nur einmal für ein Interview zur Verfügung stehen, sichergestellt werden muss, dass alle relevanten Informationen im Interview tatsächlich erfasst werden. Daher sind zu Beginn der inhaltlichen Vorbereitung das Gesprächsziel und alle relevanten Themenbereiche festzulegen. Dabei empfiehlt sich eine Konzentration auf wesentliche Themenschwerpunkte, um eine Verzettelung des Interviewers oder eine zu lange Dauer des Interviews zu vermeiden. Das Gesprächsziel und die festgelegten Themenschwerpunkte bilden die Basis für die Gestaltung des **Interviewleitfadens**.

Für jeden Themenbereich werden Fragen formuliert, die dieses Themengebiet vollständig abdecken. Zu Beginn des Leitfadens sollte eine kurze Erläuterung des Gesprächsziels, der relevanten Themen und der Gesprächsdauer formuliert werden, bevor zum Gesprächseinstieg eine "Eisbrecherfrage" genutzt wird. Eine solche Eisbrecherfrage ist eine Frage, die für den Interviewten leicht zu beantworten ist und ihn "ins Reden bringt"; denn: wenn der Interviewte erst einmal von sich aus redet, ist es für den Interviewer wesentlich leichter, das Gespräch sukzessive auf die einzelnen interessierenden Themenfelder zu lenken. Am Ende des Leitfadens stehen dann einige kurze Hinweise zum weiteren Vorgehen und zur Verwendung der im Gespräch erhaltenen Informationen. Der Leitfaden als Ganzes sollte vor Durchführung des Interviews getestet werden.

- **Durchführung von Interviews**

Bei der Interviewdurchführung werden die gewünschten Informationen erhoben. Basis dafür ist der zuvor erarbeitete Interviewleitfaden. Die Interviewdurchführung unterteilt sich wiederum in mehrere Phasen. Ganz wichtig ist, dass zunächst einmal – in einer Phase der **Intervieweröffnung** - die Ziele des Gesprächs und gegebenenfalls der Nutzen des Interviews für den Gesprächspartner herausgestellt werden. Danach werden die einzelnen Themenbereiche abgearbeitet. Der Interviewleitfaden, der gegebenenfalls dem Interviewten in einer Kurzform überreicht werden kann, dient dafür als Grundlage. Oft erweist es sich allerdings als sinnvoll, diesem Leitfaden nicht stur zu folgen, sondern die Interviewpartner – quasi wie bei einer ungezwungenen Unterhaltung – sprechen zu lassen und durch geschickte Zwischenfragen von Themenblock zu Themenblock zu lenken, ohne die Reihenfolge auf dem Interviewleitfaden zwingend zu beachten. Am Ende muss jedoch sichergestellt sein, dass alle relevanten Fragen beantwortet worden sind.

Für den Erfolg eines Interviews ist es nicht allein ausschlaggebend, dass der Interviewer die "richtigen", das heißt sachlich notwendigen Fragen stellt, sondern diese müssen auch "richtig" beim Interviewten ankommen. Wenn der Interviewer die wichtigsten **Grundsätze der Fragenformulierung** beachtet, wird ihm dies im Normalfall gelingen:

- Fragen sind einfach zu formulieren. Klar, kurz und sprachlich unkompliziert formulierte Fragen erleichtern die Verständigung.

- Fragen sind eindeutig zu formulieren. So können Missverständnisse bei einzelnen Personen ausgeschlossen werden, und für den Fall, dass ein Interview mehrmals mit unterschiedlichen Personen durchgeführt wird, kann ein einheitlicher Bezugsrahmen geschaffen werden.

- Fragen sind neutral zu formulieren. Suggestiv formulierte Fragen können den Interviewten so weit beeinflussen, dass seine Antworten wertlos werden.

Die Kunst des Interviews besteht darin, dem Befragten zu sämtlichen Fragen, die interessieren, Antworten "zu entlocken". Zu diesem Zweck muss sich der Interviewer bei der Vorbereitung und Durchführung des Interviews gezielt **auf die Person des Interviewten einstellen.** Konkret bedeutet dies, dass die Herangehensweise an das Interview und die Art der Informationsgewinnung im Interview darauf ausgerichtet werden, wie sich der Interviewpartner voraussichtlich im Gespräch verhalten wird (Abbildung 19). Vor allem dann, wenn Interviews mit solchen Personen durchgeführt werden, die in irgendeiner Weise von den späteren Ergebnissen des Problemlösungsprozesses betroffen sind - dies dürfte bei unternehmensinternen Interviews der Regelfall sein -, sind positive oder negative Voreinstellungen des Interviewten zu erwarten, die sich in seinem Verhalten während des Gesprächs niederschlagen. Vor allem negative Vorprägungen, die ihren Ausdruck in einer verdeckten, zum Teil sogar unbewussten Ablehnung finden und im Extrem bis zu offener Aggressivität gegenüber dem Interviewer reichen, können die Interviewdurchführung nachhaltig erschweren.

Um mit derartigen Situationen umzugehen, sollte der Interviewer in jedem Fall eine nach vorne gerichtete Gesprächsatmosphäre schaffen ("keine Vergangenheitsbewältigung"). Außerdem kann er durch seine **Fragemethodik** den Gesprächsverlauf beeinflussen[1]. So bietet es sich bei eher "wortkargen" Interviewpartnern an, **offene Fragen** zu stellen, während andere in ihrem Redefluss durch **geschlos-**

---

[1] Vgl. vertiefend zur Durchführung von Interviews und den dabei auftretenden Problemen Kromrey, H.: Empirische Sozialforschung, 9. Aufl., Stuttgart 2000, S. 267 ff.

sene Fragen, also solche, auf die nur mit "Ja" oder "Nein" geantwortet werden kann, gebremst werden müssen. Außerdem hat der Interviewer die Möglichkeit, zwischen **direkt und indirekt formulierten Fragen** zu variieren. Mit direkt formulierten Fragen wird der Interviewte aufgefordert, sich persönlich zu einem bestimmten Sachverhalt zu äußern. Der interessierende Sachverhalt wird dabei in der Frage eindeutig benannt. Beispielsweise hätte Fred Klabuster den Vertriebsleiter von Bunsenbrenn direkt fragen können: "Wie stellt sich aus Ihrer Sicht die gegenwärtige Marktsituation unseres Unternehmens dar?", um dessen persönliche Einschätzung zu diesem Sachverhalt zu erfahren. Indirekt formulierte Fragen lassen demgegenüber nicht unmittelbar auf den interessierenden Sachverhalt schließen - dieser wird geschickt "verpackt", und der Befragte wird nicht persönlich angesprochen. Derart formulierte Fragen nutzt man bei Befragungen zu Themen, zu denen sich der Interviewte nur ungern äußert. Da in unserem Beispiel der Außendienst im Verkauf das Lieblingskind des Vertriebsleiters zu sein scheint und von daher als unantastbar gilt, könnte eine darauf gerichtete Frage beispielsweise lauten: "Manche Mitarbeiter im Unternehmen sind der Meinung, dass man nach neuen Absatzwegen suchen sollte. Kann man dem nach Ihrer Einschätzung zustimmen, oder sollte man eher die bekannten Absatzkanäle nutzen und stärken?"

Auch die **Frageart** kann gezielt eingesetzt werden. Im Allgemeinen bieten sich in Interviews Sachfragen an, mit denen das Wie, Was oder Wann ermittelt werden kann. Begründungen - also Auskünfte nach dem Warum - sollten dagegen nur verwendet werden, wenn wirklich die Hintergründe eines Sachverhalts unklar sind und verstanden werden müssen, da Begründungsfragen den Interviewten in Bedrängnis bringen können. Zur Konkretisierung von Aussagen bietet sich daneben auch der Einsatz von Gegenfragen - z.B.: "Wie haben Sie das genau gemeint?" - oder von Umschreibungen an - z.B.: "Sie sagen also, dass ...". Auch die Wirkung aktiven Zuhörens und der Bestätigung des Interviewten, z.B. durch wiederholtes Kopfnicken, darf nicht unterschätzt werden.

Unabhängig davon, wie die Fragen formuliert sind, können zu den Fragen mögliche **Antworten vorgegeben sein oder nicht**. Fragen mit Anwortvorgabe (geschlossene Fragen) beinhalten das Problem, dass sich der Befragte unter Umständen nicht in den vorgegebenen Antwortkategorien wiederfindet. Er könnte dann nicht die Antwort geben, die er eigentlich wollte; Antwortverzerrungen sind die

Folge. Dieses Risiko sollte man nur dann eingehen, wenn man den Befragten zwingen will, sich bewusst zwischen bestimmten (Antwort-)Alternativen zu entscheiden und nicht auszuweichen. Bei offen gestalteten Fragen (Fragen ohne Antwortvorgabe) ist der Befragte demgegenüber in der Wahl seiner Antwort frei.

Verhaltensweisen	Reaktion
Aggression • Interviewter zeigt Missfallen an Interview/Untersuchung • Attackiert Interviewer auf persönlicher Ebene	• Nicht selber auch aggressiv werden • Aussagen nicht kommentieren
Unsicherheit • Interviewter ist nervös, warum gerade er interviewt wird • Hält seine Meinung zurück, erzählt nur Offensichtliches	• Zweck des Interviews deutlich begründen • Vertrauen schaffen • Ursache für Unsicherheit verstehen
Geschwätzigkeit • Interviewer redet viel/am Thema vorbei • Erzählt Anekdoten	• Geschlossene Fragen stellen, unterbrechen • Zeitdruck signalisieren
Blockade • Hat kein Vertrauen zum Interviewer • Eventuell "politisch" von Problemlösung betroffen	• Offene Fragen stellen, kein Verhör • Zukunfts-, nicht vergangenheitsbezogene Fragen stellen • Vertrauensbildende Maßnahmen

Abbildung 19:   Typische Interviewsituationen

Die Fragenformulierung allein ergibt noch kein Interview. Vielmehr ist auch die **Reihenfolge, in der die einzelne Fragen an den Interviewten gerichtet werden,** von spezieller Bedeutung für den Interviewerfolg. Auch hier gibt es bestimmte Grundregeln dafür, wie bestimmte Typen von Fragen in einem Interview angeordnet werden sollen. So sollte jedes Interview mit so genannten Kontakt- und "Eisbrecherfragen" begonnen werden. Dies sind Fragen, die in das Thema einführen und beim Befragten Aufgeschlossenheit gegenüber dem Interview sowie Interesse an dem behandelten Thema erzeugen sollen. Der eigentlichen Erhebung der gewünschten Informationen dienen die Sach- und Begründungsfragen. Beziehen sie sich auf mehrere Sachverhalte, kann der Interviewte durch Überleitungsfragen auf dem "roten Faden" des Interviews gehalten werden. Um die Aussagen des Interviewten zu plausibilisieren, können Kontrollfragen eingesetzt werden. Diese stellen einen bestimmten Sachverhalt, der bereits einmal angesprochen worden ist, erneut zur Diskussion, nähern sich diesem aber aus einer anderen Perspektive. Allerdings kann auch der Interviewte die Fragen zueinander in Beziehung setzen, seine Antworten kontrollieren und versuchen, alle Fragen widerspruchsfrei zu beantworten. Insofern hat die Anordnung der Fragen unter Umständen eine unerwünschte Auswirkung auf die Antworten des Interviewten - man spricht vom Konsistenzeffekt. Daneben existiert ein Lerneffekt in dem Sinne, dass der Befragte über die Fragestellungen Wissen generiert, dass er zum Beantworten der Fragen nutzt. Beide Effekte verursachen **Antwortverzerrungen**. Diese können soweit wie möglich vermieden werden, wenn Fragen, die Einfluss aufeinander ausüben könnten, voneinander entfernt angeordnet und inhaltlich getrennt werden. Darüber hinaus gehende Antwortverzerrungen, wie zum Beispiel ein Zustimmungsbestreben oder das Abgeben sozial erwünschter Antworten, können in Interviews kaum vermieden werden - man sollte sich ihrer bei der Ausweitung der Informationen jedoch bewusst sein.

Unabhängig von Ausrichtung und Verlauf des Interviews sollte dann am Ende des Gesprächs in jedem Fall eine Zusammenfassung der Gesprächsergebnisse, ein Dank und ein Hinweis auf das weitere Vorgehen erfolgen.

● **Nachbereitung von Interviews**

Die Nachbearbeitung schließt sich an die Interviewdurchführung an. Sie dient dazu, die erhobenen Informationen auszuwerten, zu beurteilen und zu dokumentieren. Darüber hinaus gehört der formale Abschluss des Interviews (z.B. Dankschreiben) zur Interviewnachbereitung.

4.2.3 Auswertung von Informationen

Antworten zu den Fragen, die im Rahmen der Problemlösung interessieren, sind zumeist nicht direkt in dem erhobenen Datenmaterial zu finden. Das Material, das als Ergebnis der Erhebung vorliegt, muss vielmehr zunächst gebündelt, verdichtet und in Beziehung gesetzt werden. Dies ist Aufgabe der Informationsauswertung. Besondere Bedeutung besitzen dabei die Verfahren der deskriptiven Statistik, bei denen sich - abhängig von der Anzahl der untersuchten Variablen - univariate, bivariate und multivariate Verfahren der Auswertung unterscheiden lassen[1].

Univariate Verfahren sind die einfachste Form der Datenauswertung. Sie können auf alle Arten von Merkmalen - unabhängig von deren Skalierung - angewandt werden. Das wichtigste derartige Verfahren ist die eindimensionale Häufigkeitsverteilung. Dabei werden beobachtete Häufigkeiten von Merkmalsausprägungen erfasst, systematisiert und übersichtlich dargestellt - beispielsweise in Form von Säulen-, Balken- oder Kreisdiagrammen. Abhängig von der Skalierung der untersuchten Variablen lassen sich zusätzlich so genannte Lage- und Streuparameter, wie Modus, Median, arithmetisches Mittel, Standardabweichung oder Varianz berechnen.

Bivariate Verfahren sind schon anspruchsvollere Formen der Auswertung. Mit ihrer Hilfe können Zusammenhänge zwischen zwei Variablen untersucht werden. Zu den wichtigsten bivariaten Auswertungsverfahren zählen Kreuztabellen, Korrelationsanalysen und die einfache Regressionsanalyse. Kreuztabellen sind das einfachste Verfahren zur Veranschaulichung von Zusammenhängen zwischen zwei Variablen und können auch bei nominal skalierten Merkmalen angewandt werden. In Form einer Matrix verdeutlichen sie, wie häufig die verschiedenen Kombinationen der Merkmalsausprägungen von zwei Variablen gemeinsam auftreten. Durch eine Korrelationsanalyse kann der Grad der linearen Abhängigkeit zweier Variablen ermittelt werden. Ergebnis sind dabei der Bravais-Perarson'sche Korrelationskoeffizient für kardinal skalierte Merkmale oder der Spearman'sche Rangkorrelationskoeffizient für ordinal skalierte Merkmale. Die einfache Regressionsanalyse geht noch einen Schritt weiter. Sie ermittelt nicht nur einen Koeffizienten, der den Grad der linearen Abhängigkeit zweier Variablen angibt, sondern bestimmt eine Regressionsgerade, auf deren Basis die Ausprägungen einer abhängigen Variablen aufgrund der Ausprägungen der unabhängigen Variablen er-

---

[1] Vgl. zu verschiedenen Verfahren der Datenauswertung Berekoven, L., Eckert, W., Ellenrieder, P.: Marktforschung, 9. Aufl., Wiesbaden 2001, S. 243 ff.

rechnet werden können. So werden beispielsweise Trendgeraden mittels einfacher Regressionsanalyse ermittelt.

Multivariate Verfahren schließlich sind in der Lage, Zusammenhänge zwischen mehr als zwei Variablen zu untersuchen. Die Verfahren der multivariaten Analyse werden danach unterschieden, ob von Beginn an eine Unterteilung in abhängige und unabhängige Variablen möglich ist (Dependenzanalyse) oder nicht (Interdependenzanalyse) und inwieweit nicht metrisch skalierte Variablen verwendet werden können oder nicht (Abbildung 20). Im Folgenden werden die wichtigsten multivariaten Analysemethoden kurz vorgestellt[1].

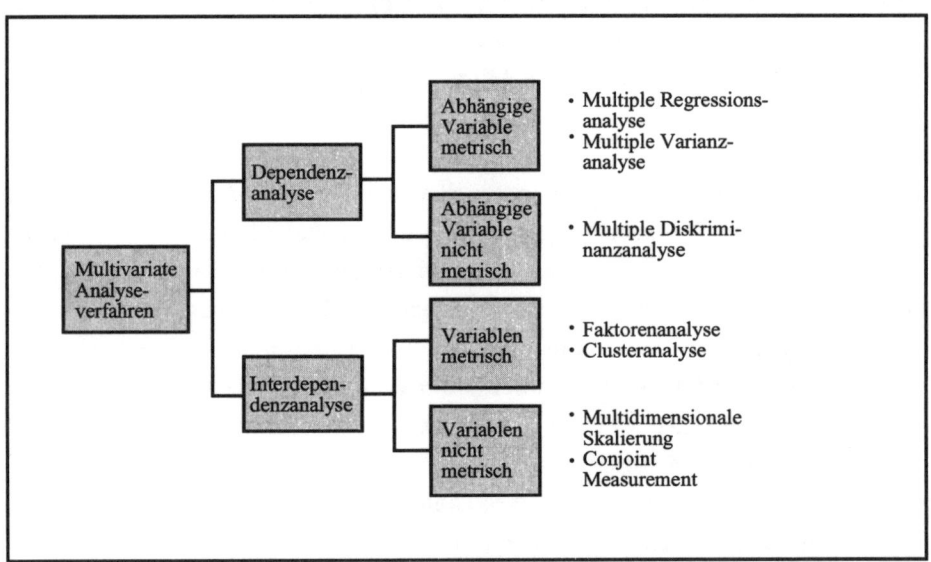

Abbildung 20:   Multivariate Analyseverfahren im Überblick

• **Multiple Regressionsanalyse**

Mit diesem Verfahren wird der Zusammenhang zwischen einer abhängigen und mehreren unabhängigen Variablen untersucht. Alle Variablen müssen metrisch

---

1   Vgl. Backhaus, K., Erichson, B., Plinke, W.: Multivariate Analysemethoden, 9. Aufl., Berlin 2000; Diller, H. (Hrsg.): Marketingplanung, 2. Aufl., München 1998.

skaliert sein. So kann z.B. die Frage untersucht werden, in welcher Weise die Absatzmenge eines Produkts vom Preis, den Werbeausgaben oder dem Volkseinkommen beeinflusst wird. Die multiple Regressionsanalyse kann sowohl zur Erklärung als auch zur Prognose von Zusammenhängen eingesetzt werden. Daher stellt es das am häufigsten angewandte Verfahren der multivariaten Analyse dar.

- **Multiple Varianzanalyse**

Die multiple Varianzanalyse kann eingesetzt werden, wenn die unabhängigen Variablen nicht metrisch skaliert sind und die abhängige Variable auf metrischem Skalenniveau gemessen wird. Dieses Verfahren wird insbesondere für die Auswertung von Experimenten genutzt. Durch die Analyse wird ermittelt, inwieweit Schwankungen der abhängigen Variablen - also zum Beispiel der Zahl der Kinobesucher - von den Ausprägungen unterschiedlicher unabhängiger Variablen - also zum Beispiel der Plakatwerbung oder von Anzeigen - beeinflusst werden.

- **Multiple Diskriminanzanalyse**

Durch die multiple Diskriminanzanalyse werden Unterschiede zwischen verschiedenen Gruppen von Untersuchungsobjekten ermittelt. Dieses Verfahren wird zum Beispiel eingesetzt, um festzustellen, ob sich Wähler von zwei unterschiedlichen Parteien hinsichtlich soziodemographischer oder psychographischer Merkmale unterscheiden. Die Diskriminanzanalyse setzt metrisch messbare unabhängige und nicht metrisch skalierte abhängige Variablen voraus.

- **Faktorenanalyse**

Die Faktorenanalyse kann insbesondere dann angewandt werden, wenn im Rahmen einer Datenerhebung eine große Zahl von Variablen zu einer bestimmten Fragestellung erhoben worden ist - beispielsweise Anforderungen von Kunden hinsichtlich unterschiedlicher technischer Leistungsmerkmale von Autos - und diese Variablen für die Auswertung gebündelt werden sollen. Durch die Faktorenanalyse werden dann wenige "zentrale" Faktoren ermittelt, auf die sich die Vielzahl der betrachteten Einzelvariablen reduzieren lässt.

- **Clusteranalyse**

Durch die Clusteranalyse wird eine Bündelung von Untersuchungsobjekten ermöglicht. Die Objekte werden dabei so zu Gruppen (Clustern) zusammengefasst,
dass die Objekte in einer Gruppe möglichst ähnlich und die Gruppen untereinander möglichst unähnlich sind. Dementsprechend kann eine Clusteranalyse insbesondere bei der Marktsegmentierung verwendet werden. Auch sie trägt dazu bei,
eine Vielzahl beobachtbarer Einzelobjekte (hier zum Beispiel einzelne Konsumen-
ten) auf wenige aggregierte Objekte zu reduzieren.

- **Multidimensionale Skalierung (MDS)**

Die multidimensionale Skalierung ermöglicht die Positionierung von Objekten im
Wahrnehmungsraum von Personen. Dazu werden globale Ähnlichkeiten von bestimmten Untersuchungsobjekten erfragt und die diesen Ähnlichkeiten zugrunde
liegenden Wahrnehmungsdimensionen ermittelt. Die Objekte können dann in einem Dimensionsraum positioniert und - sofern man sich auf zwei Dimensionen
beschränkt - auch grafisch auf so genannten "kognitiven Landkarten" dargestellt
werden. Die multidimensionale Skalierung wird vor allem für Positionierungs-
analysen eingesetzt[1].

- **Conjoint Measurement**

Das Conjoint Measurement besitzt insbesondere für die marktorientierte Gestaltung neuer Produkte Bedeutung. Das Verfahren basiert auf der Grundannahme,
dass sich der Gesamtnutzen eines Produkts additiv aus den Nutzenbeiträgen der
einzelnen Produktmerkmale zusammensetzt. Sein Ziel besteht dementsprechend
darin, den Beitrag einzelner Merkmale von Produkten zum Gesamtnutzen, den
ein bestimmtes Produkt stiftet, zu ermitteln. Zu diesem Zweck werden verschiedene Merkmale und Merkmalsausprägungen festgelegt und mit Hilfe eines speziellen Erhebungsdesigns abgefragt. Dieses ist meist so ausgestaltet, dass der Befragte verschiedene Bündel von Merkmalsausprägungen eines Produkts in eine
Rangfolge bringen muss, wodurch in der Auswertung Rückschlüsse auf die Be-

---

[1]   Vgl. Meffert, H.: Marketing, 9. Aufl., Wiesbaden 2000, S. 164.

deutung einzelner Merkmale und Merkmalsausprägungen gezogen werden können. Legt man zudem bestimmte Annahmen über das Kaufverhalten der Kunden zugrunde, so können anhand der Nutzenwerte Aussagen über die Kauf- und Erfolgswahrscheinlichkeiten einzelner Produktalternativen getroffen werden[1].

Durch die beschriebenen univariaten, bivariaten und multivariaten Verfahren werden die im Rahmen der Datenerhebung gesammelten Informationen gebündelt, verdichtet und miteinander in Beziehung gesetzt. Allerdings gelten die dabei gefundenen Ergebnisse zunächst nur für die in die Untersuchung einbezogenen Objekte. Ob die Ergebnisse in dem Sinne repräsentativ sind, dass sie auch auf die Grundgesamtheit der Untersuchung insgesamt übertragen werden können, muss erst noch untersucht werden. Dafür stehen unterschiedliche Methoden der induktiven Statistik zur Verfügung, auf die an dieser Stelle jedoch nicht näher eingegangen werden soll.

4.2.4 Interpretation von Informationen

Der letzte Schritt des Informationsgewinnungsprozesses ist die Dateninterpretation. Ihr Ziel besteht darin, aus den erhobenen und mittels unterschiedlicher Verfahren ausgewerteten Daten die richtigen Schlussfolgerungen zu ziehen. Zu diesem Zweck sind zunächst die ermittelten Ergebnisse durch logische Überlegungen und einen Vergleich mit anderen Daten auf ihre Plausibilität zu prüfen; vor allem geht es aber darum, aus der Vielzahl der Ergebnisse die für die Beantwortung der Ausgangsfrage wichtigsten herauszufiltern und entsprechende Problemlösungsvorschläge bzw. Empfehlungen zu entwickeln.

Teilweise ergeben sich diese Schlussfolgerungen direkt aus der Datenauswertung. So können beispielsweise die mit Hilfe des Conjoint Measurement ermittelten Nutzenbeiträge einzelner Produktmerkmale sofort bei der Produktgestaltung berücksichtigt werden. In vielen Fällen wird aber nicht sofort deutlich, welche Schlussfolgerungen aus bestimmten Untersuchungsergebnissen gezogen werden können - insbesondere dann, wenn verschiedene Ergebnisse gegeneinander abge-

---

1   Vgl. Diller, H.: Preispolitik, 3. Aufl., Stuttgart 2000, S. 202 ff.

wogen werden müssen, sich (scheinbar) widersprechen oder nicht plausibel erscheinen. In diesem Fall sind weitere Analysen notwendig, um Widersprüche aufzuklären.

Da die gewonnenen Informationen sich zwangsläufig nur auf Gegenwart und Vergangenheit beziehen können, stellt sich darüber hinaus die Frage, welche Implikationen sich aus diesen Informationen für die Zukunft ableiten lassen. Wie bereits erwähnt, besitzt diese Frage für die Problemanalyse zentrale Bedeutung, da ja die Analysen erfolgen, um Entscheidungen zu treffen, die für die Zukunft gelten sollen. Also müssen auf der Basis der Analysen Prognosen erfolgen. Dafür stehen unterschiedliche Prognosemethoden zur Verfügung.

Herrscht nur eine geringe Unsicherheit über die Entwicklung der zu prognostizierenden Faktoren vor - ist also eine noch relativ plausible Vorhersage möglich -, sind **quantitative Prognoseverfahren** geeignet. Die einfachste quantitative Methode, um zukunftsgerichtete Schlussfolgerungen zu treffen, ist die so genannte **Trendfortschreibung**. Wie der Name sagt, werden bei dieser Methoden Entwicklungen, die in der Vergangenheit beobachtet werden konnten, in die Zukunft fortgeschrieben. Wenn beispielsweise für einen wichtigen Einsatzstoff in der Vergangenheit eine bestimmte Preisentwicklung beobachtet werden konnte, so wird angenommen, dass sich diese Entwicklung auch in der Zukunft fortsetzt. Damit wird unterstellt, dass Ursachen und Bedingungen, die in der Vergangenheit zu einer bestimmten Entwicklung geführt haben, auch zukünftig weiter gelten.

Es ist offensichtlich, dass die Methode der Trendfortschreibung nur dann zu akzeptablen Ergebnissen führen kann, wenn sich ein Unternehmen in relativ stabilen Umfeldern bewegt. Aber selbst dann können Trendbrüche auftreten, weil bestimmte Einflussgrößen sich unvorhergesehen verändern. Selbst in relativ stabilen Umfeldern sind Aussagen über die Zukunft immer mit Unsicherheit verbunden.

Kann die Annahme, dass Zusammenhänge aus der Vergangenheit auch in der Zukunft weiter gelten, nicht aufrechterhalten werden, ist es mit Hilfe quantitativer Verfahren nicht mehr möglich, sinnvolle Aussagen über die Zukunft zu treffen. In solchen Situationen bietet sich der Einsatz von **qualitativen Prognoseverfahren** an. Damit meint man vor allem solche Verfahren, die sich auf das Urteil von Experten beziehen.

Ein solches Verfahren, das zur Prognose komplexer Zusammenhänge entwickelt wurde, ist die **Delphi-Methode** - ein mehrstufiges Befragungsverfahren mit Rückkopplung. Dabei versammeln sich mehrere Experten, die sich möglichst vorher nicht kennen, unter Vorsitz eines Moderators. Jeder Teilnehmer erhält eine Aufgabenstellung zum untersuchten Thema und gibt seine Prognose über die zukünftigen Ereignisse ab. Die Ergebnisse werden zusammengefasst, tabelliert und ausgewertet. Nach dieser ersten Runde erhält man ein voneinander unabhängiges Gruppenurteil, das den Teilnehmern vorgelegt wird. Nun sind die Teilnehmer in der zweiten Runde aufgerufen, in Kenntnis dieser Ergebnisse erneut Stellung zu beziehen und die eigenen Einschätzungen gegebenenfalls zu modifizieren. Nach einer erneuten Auswertung der Ergebnisse erhält man jetzt ein voneinander abhängiges Gruppenurteil. Erfahrungsgemäß sollten mindestens drei Befragungsrunden durchgeführt werden, bei stark divergierenden Antworten auch mehr[1]. So erhält man zwar keine modellartig quantifizierbaren Zusammenhänge, aber doch ein besseres Verständnis über jene Faktoren, die für die zukünftige Entwicklung relevant sein werden.

Als ein geeignetes Prognoseverfahren - auch in dynamischen Umfeldern - hat sich zudem die **Szenario-Technik** erwiesen. Unter einem Szenario versteht man ein Zukunftsbild, das auf einer Reihe von logisch zusammenpassenden Annahmen beruht. Szenarien sind dementsprechend alternative denkbare Zukunftsbilder[2]. Um sich ein Bild von der zukünftigen Entwicklung in einem bestimmten Bereich zu machen, ist es allerdings nicht notwendig, eine große Zahl unterschiedlicher Szenarien zu entwerfen. Vielmehr genügen zwei bis drei alternative Bilder - nämlich ein Szenario der schlechtesten denkbaren Entwicklung, eines der besten denkbaren Entwicklung sowie eventuell eines, das lediglich auf einer Trendfortschreibung der heutigen Situation beruht. Aus diesen drei Szenarien ergibt sich

---

1   Vgl. Berekoven, L., Eckert, W., Ellenrieder, P.: Marktforschung, 9. Aufl., Wiesbaden 2001, S. 277 ff.

2   Vgl. Geschka, H.: Die Szenariotechnik in der strategischen Unternehmensplanung, in: Strategische Unternehmungsplanung - Strategische Unternehmungsführung, Hrsg. D. Hahn, B. Taylor, 8. Aufl., Heidelberg 1999, S. 518 ff.

ein "Trichter", der das Spektrum zukünftiger Entwicklungsmöglichkeiten abdeckt. Die Szenario-Technik kann insbesondere zur langfristigen Prognose globaler Entwicklungen eingesetzt werden. Ihr wesentlicher Vorteil besteht darin, dem Problemlösungsteam Wechselwirkungen zwischen einzelnen Größen zu verdeutlichen und sie von eindimensionalen Prognosen abzuhalten (Abbildung 21).

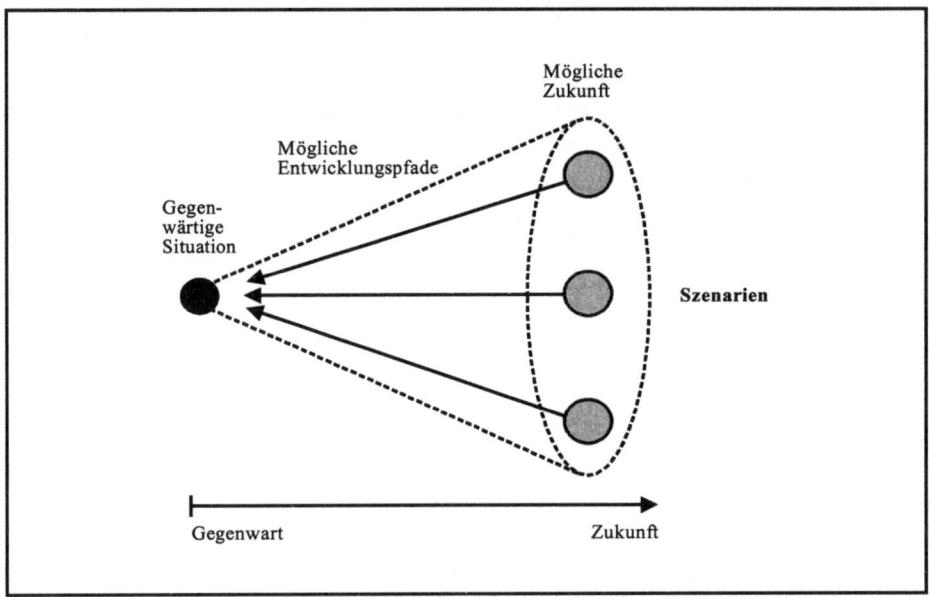

Abbildung 21:   Prinzipien der Szenario-Technik

4.3 Einsatz von Analysetechniken

Neben den skizzierten Techiken zur Informationsgewinnung gibt es eine nahezu unbegrenzte Anzahl von betriebswirtschaftlichen Techniken (Instrumenten, Hilfsmitteln), die auf verschiedene inhaltliche Aspekte eines Problems ausgerichtet sind. Sie können im Rahmen von Problemlösungsprozessen eingesetzt werden, um die unterschiedlichsten Fragestellungen zu analysieren. Solche Techniken dienen im Kern dazu, die Ursachen von Problemen aufzudecken, diese im Detail zu verstehen und Lösungsmöglichkeiten für einzelne Probleme zu entwickeln.

Gemeinsames Merkmal aller Analysetechniken ist, dass sie für sich genommen noch keine Antworten liefern - sie sind zunächst "inhaltsleer". Allerdings helfen diese Techniken dabei, **die richtigen Fragen zu stellen** und diese systematisch zu beantworten - also: die notwendigen Inhalte zu entwickeln. Einzelne Analysetechniken dürfen daher niemals nur deswegen angewendet werden, weil "eine Stärken-/Schwächen-Analyse nunmal dazu gehört", wie Fred Klabuster es formulierte. Der Einsatz einzelner Techniken ist nur dann sinnvoll, wenn diese geeignet sind, Inhalte zu entwickeln, die bekannt sein müssen, um zu einer Problemlösung zu kommen. Ein Problemlösungsteam sollte daher stets so vorgehen, dass es sich fragt, ob und an welcher Stelle eine mit Hilfe einer bestimmten Technik durchgeführte Analyse für ihren Erkenntnisfortschritt sinnvoll ist, bevor es die Analyse angeht. Das Team muss nach dem **"so what"** der Analyse fragen. Die umgekehrte Vorgehensweise, eine Analysetechnik einzusetzen, "um zu sehen, was herauskommt", ist eine Verschwendung von Zeit und Ressourcen, die später an anderer Stelle fehlen werden.

Wie bereits gesagt, ist das Spektrum betriebswirtschaftlicher Analysetechniken so groß, dass es in diesem Buch auch nicht ansatzweise erschöpfend dargestellt werden kann - dies wäre zudem auch gar nicht seinem Zweck entsprechend. Um aber zumindest zu illustrieren, wie solche Techniken sinnvoll in einen Problemlösungsprozess eingebunden werden können, soll hier dennoch kurz auf die Analyse mit Hilfe betriebswirtschaftlicher Analysetechniken eingegangen werden. Unserem Beispiel folgend, erfolgt dies anhand der **Techniken für die Analyse strategischer Probleme**. Als strategisch bezeichnet man dabei ein Problem, dessen Lösung für den Erfolg oder Misserfolg eines Unternehmens von besonderer Bedeutung ist - das den Erfolg besonders stark beeinflusst[1].

Techniken, die für die Analyse strategischer Probleme geeignet sind, können hinsichtlich ihrer Anwendungsgebiete wie in Abbildung 22 wiedergegeben systematisiert werden. Sie lassen sich jeweils einem dieser grundsätzlichen Anwendungsgebiete zuordnen - abhängig davon, ob sie primär:

---

[1]   Vgl. Hungenberg, H.: Strategisches Management in Unternehmen, 2. Aufl., Wiesbaden 2001, S. 4 ff.

- vergangene Leistungen und Zusammenhänge aufzeigen ("Vergangenheit"),

- die interne oder externe Unternehmenssituation analysieren ("Gegenwart"),

- Entwicklungsprozesse aus der Vergangenheit heraus darstellen und erklären ("Entwicklungen"),

- zur Entwicklung von alternativen Problemlösungen beitragen ("Maßnahmen") oder schließlich

- zur Beurteilung der Konsequenzen möglicher Problemlösungen dienen ("Konsequenzen").

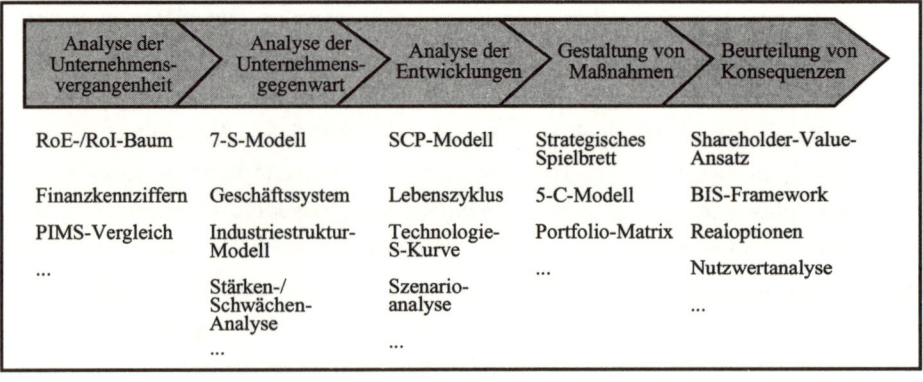

Abbildung 22:   (Ausgewählte) Analysetechniken

(1)   ROE-/ROI-Baum

Die Analyse der Vergangenheit eines Unternehmens ist vor allem im Anfangsstadium der Problemanalyse zweckmäßig. Am anschaulichsten drücken sich die vergangenen Leistungen des Unternehmens in seinen ökonomischen Ergebnissen aus. Um diese umfassend aufzuzeigen und zu analysieren, eignet sich das Instrument des ROE- bzw. ROI-Baumes (Abbildung 23).

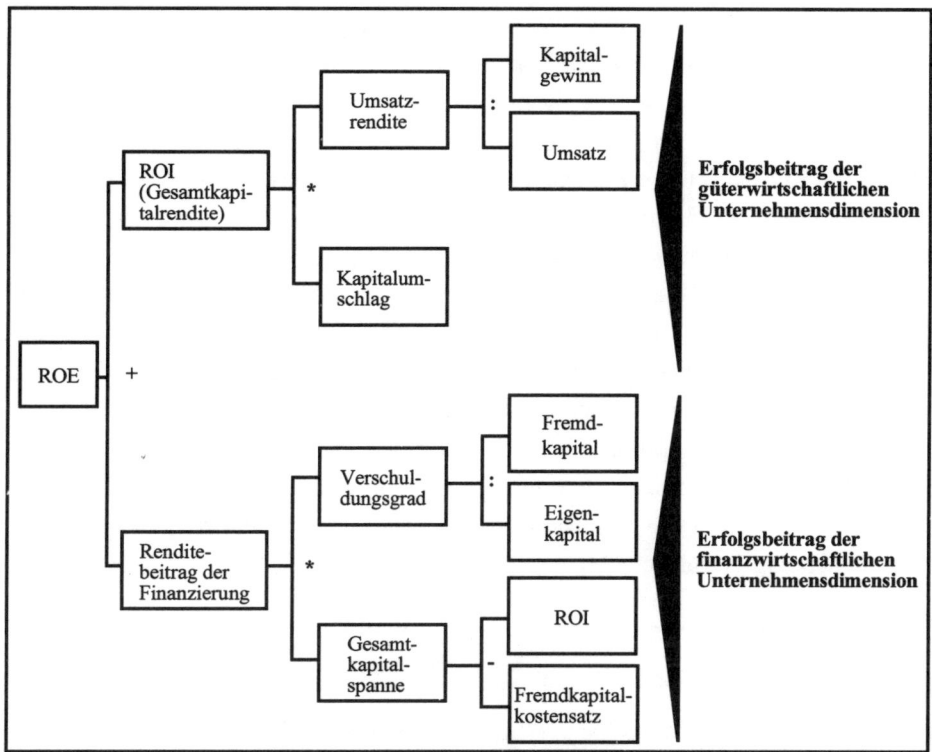

Abbildung 23:   ROE-Baum zur Analyse des Unternehmensergebnisses

Ein ROE- bzw. ROI-Baum ist ein Logikbaum, der güter- und finanzwirtschaftliche Komponenten des Unternehmensergebnisses in strukturierter Form darstellt. Er kann in der Problemanalyse auf der Basis externer Informationen (z.B. Geschäftsberichte) und interner Informationen (Rechnungswesen) erstellt werden[1].

Der Nutzen eines ROE-/ROI-Baumes besteht darin, dass er den (vergangenen) Erfolg eines Unternehmens in konsistenter und übersichtlicher Form darstellt und die möglichen Komponenten aufzeigt, die in positiver oder negativer Weise zum Erfolg beigetragen haben. Die Analyse des Ergebnisses und der Ergebniskomponenten gibt Hinweise darauf, wodurch eventuelle Ergebnisprobleme verursacht

---

[1]   Vgl. ausführlich Hahn, D., Hungenberg, H.: PuK-Wertorientierte Controllingkonzepte, 6. Aufl., Wiesbaden 2001, S. 184 ff.

worden sind und zeigt Ergebnissteigerungspotenziale auf. Aus der Konfrontation der vergangenen Ergebnisse mit zukünftigen Planungen kann zudem besser eingeschätzt werden, ob Ziele bzw. Planungen eines Unternehmens realistisch sind.

Ein ROE-/ROI-Baum kann im Grunde beliebig detailliert werden. So kann beispielsweise der in Abbildung 23 als letzte Stufe des ROE-/ROI-Baums dargestellte Kapitalgewinn in einem nächsten Schritt weiter in eine Ergebnisstruktur aufgespalten werden, die Umsatz- und Kostenkomponenten des Gewinns in detaillierter Form wiedergibt. Die Gliederung dieser Komponenten kann inhaltlich und hinsichtlich des Detaillierungsgrades je nach Untersuchungszweck unterschiedlich sein. Auf einer detaillierten Ergebnisstruktur aufbauend können dann auch so genannte **Ergebnisüberleitungen** entwickelt werden, die erklären, wie sich einzelne Ergebniskomponenten über die Jahre hinweg entwickelt haben. Solche Ergebnisüberleitungen stellen die Ursachen von vergangenen Veränderungen besonders anschaulich dar (Abbildung 24).

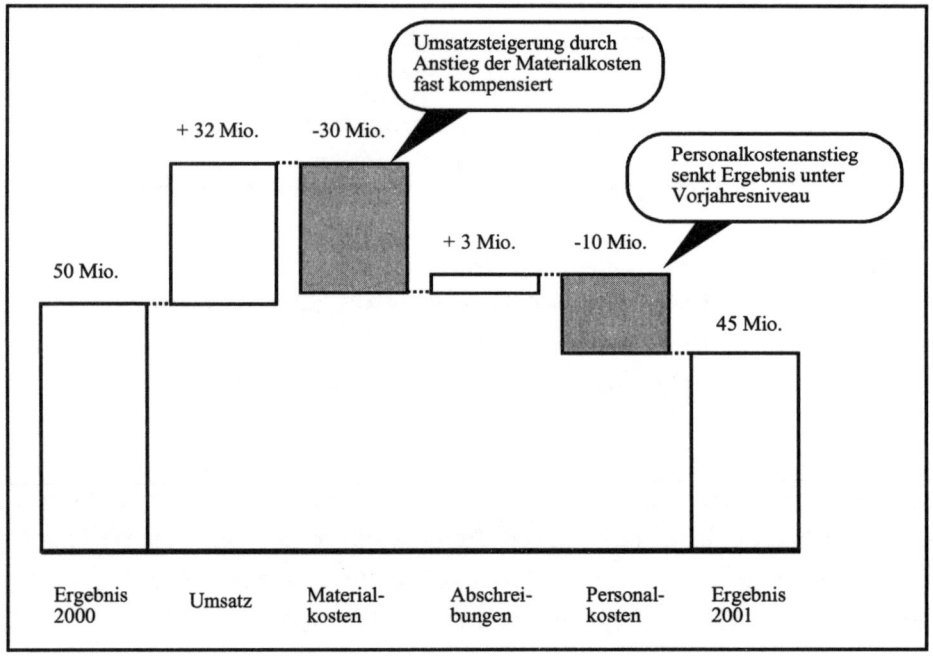

Abbildung 24: Ergebnisüberleitungen und Veränderungsursachen

(2)   Geschäftssystem

Die gegenwärtige Situation eines Unternehmens wird durch interne und externe Merkmale bestimmt. Das so genannte Geschäftssystem - auch **Wertkette** genannt - ist ein wichtiges Instrument, um die interne Situation eines Unternehmens zu analysieren. Es dient vor allem als Hilfe zur Analyse der einzelnen Unternehmensfunktionen, ihrer Zusammenhänge und ihrer Erfolgsfaktoren[1].

Technisch gesprochen ist ein Geschäftssystem ein Flussdiagramm, das die Aktivitäten (die Wertschöpfungsstufen) eines Unternehmens in logischer Folge darstellt. Die Darstellung beginnt (links) mit jenen Aktivitäten, die an den Beschaffungsmärkten des Unternehmens ansetzen, und endet (rechts) bei den Aktivitäten, die gegenüber den Kunden des Unternehmens erbracht werden (Abbildung 25). Zwischen diesen beiden Eckpunkten werden die übrigen Aktivitäten entsprechend ihrer logischen Beziehungen als vor- oder nachgelagerte Funktionen eingeordnet. So entsteht das Abbildung der wertschöpfenden Aktivitäten eines Unternehmens.

Die Analyse des Geschäftssystems ist vor allem im Anfangsstadium einer strategischen Problemanalyse sinnvoll, wenn es darum geht, ein erstes Verständnis von Unternehmen und "Geschäft" aufzubauen. Die Geschäftssystemanalyse zeigt einerseits die Ausrichtung des untersuchten Unternehmens in seinen wesentlichen Funktionen. So können für jede einzelne Aktivität Aussagen über bestimmte quantitative Größen, wie z.B. Kosten oder Wertschöpfung, und über interessierende qualitative Merkmale des Unternehmens, wie z.B. Erfolgsfaktoren und mögliche Quellen von Wettbewerbsvorteilen, erfasst und analysiert werden, wodurch wesentliche Aspekte der internen Unternehmenssituation transparent werden. Andererseits kann im Rahmen einer Geschäftssystemanalyse das eigene Geschäftssystem denen der Wettbewerber gegenübergestellt werden, wodurch unterschiedliche Herangehensweisen an das gleiche Geschäft und unterschiedliche Stärken und Schwächen in den einzelnen Stufen des Geschäftssystems erkennbar werden.

---

1   Vgl. Baur, C., Kluge, J.: Die Wertkette als Instrument der strategischen Analyse, in: Praxis des strategischen Managements, Hrsg. M. Welge, A. Al-Laham, P. Kajüter, Wiesbaden 2000, S. 135 ff.

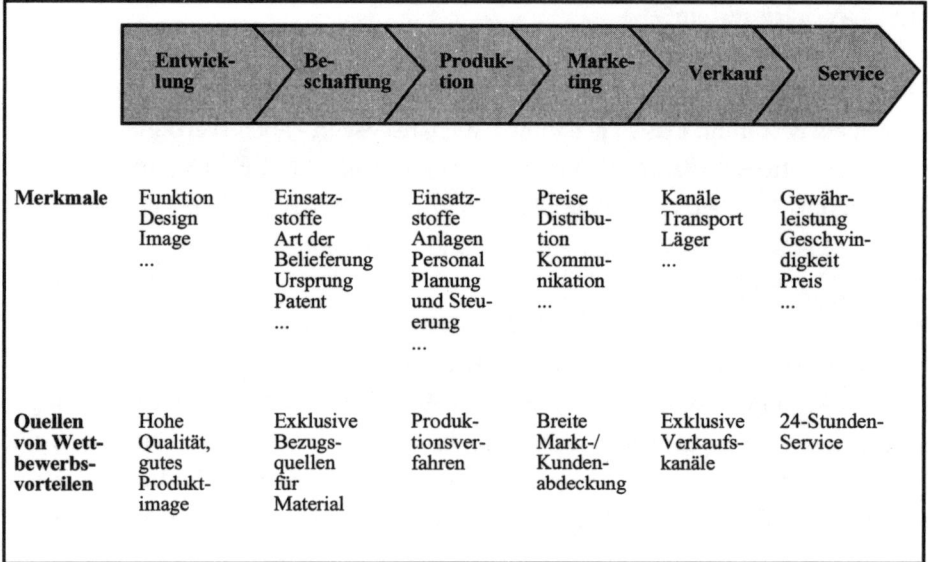

	Entwick-lung	Be-schaffung	Produk-tion	Marke-ting	Verkauf	Service
Merkmale	Funktion Design Image ...	Einsatz-stoffe Art der Belieferung Ursprung Patent ...	Einsatz-stoffe Anlagen Personal Planung und Steu-erung ...	Preise Distribu-tion Kommu-nikation ...	Kanäle Transport Läger ...	Gewähr-leistung Geschwin-digkeit Preis ...
Quellen von Wett-bewerbs-vorteilen	Hohe Qualität, gutes Produkt-image	Exklusive Bezugs-quellen für Material	Produk-tionsver-fahren	Breite Markt-/ Kunden-abdeckung	Exklusive Verkaufs-kanäle	24-Stunden-Service

Abbildung 25: Aufbau eines Geschäftssystems

Kehren wir kurz zu unserem Beispiel von Fred Klabuster zurück - wie könnte hier eine **Geschäftssystem-Analyse für die Firma Bunsenbrenn** aussehen?

Sie müsste zunächst die wichtigsten Aktivitäten des Unternehmens zu einem (unternehmensspezifischen) Geschäftssystem zusammenfassen und dann untersuchen, welche Sachverhalte in den verschiedenen Stufen des Geschäftssystems besondere Beachtung verdienen. Das Ergebnis einer solchen Analyse könnte vereinfacht zum Beispiel wie folgt aussehen:

Die Abteilung **Forschung und Entwicklung** scheint in der Lage zu sein, technologisch neuartige Produkte hervorzubringen. Diese gelangen jedoch in der Regel mit Fehlern behaftet auf den Markt - wahrscheinlich deswegen, weil die technologische Neuheit der Produkte im Bereich der Produktion zu Schwierigkeiten führt. Es wäre zu prüfen, ob dieses Problem zukünftig durch eine frühzeitige Einbindung von Produktionsfachleuten in den Entwicklungsprozess gelöst werden könnte.

Der **Produktionsbereich** der Bunsenbrenn GmbH leidet zudem unter dem extrem vielfältigen Produktprogramm. Mehr als 80% der Produkte sind Sonderanfertigungen, wodurch sich nicht nur das für die Produktion vorzuhaltende Materialspektrum stark vergrößert, sondern auch Probleme in der Kapazitätsauslastung auftreten.

Im **Marketing** scheint Bunsenbrenn eher einen Kostenfaktor als eine Investition in die Zukunft zu sehen. Entsprechend stiefmütterlich wird es auch behandelt. Es fehlt eine klare strategische Ausrichtung, ein globales Marketing ist nur in Ansätzen vorhanden, die Position des Marketingleiters ist nach wie vor unbesetzt.

Der **Vertrieb** der Brenner erfolgt über einen Außendienst. Die Mitarbeiter des Außendienstes sind Techniker, die sich in erster Linie als Berater der Kunden und weniger als Verkäufer verstehen. Ob diese Form der Außendienstorganisation für das Brennergeschäft überhaupt geeignet ist, wäre zu prüfen. Auch die Anreizsysteme und das Berichtswesen im Vertriebsbereich müssten überprüft werden.

---

(3)   Branchenstruktur-Modell

Zu den wichtigsten externen Einflußfaktoren auf die Situation eines Unternehmens zählt die Struktur der Branche (der "Industrie"), innerhalb derer ein Unternehmen operiert. Ein geeignetes Instrument zur Analyse der Branchenstruktur und ihrer Einflüsse auf ein Unternehmen ist das so genannte Branchenstruktur-Modell, das von Michael Porter entwickelt worden ist.

Beim Branchenstruktur-Modell handelt es sich im Prinzip um ein Analyseraster, mit dessen Hilfe die Struktur der Branche und die wesentlichen Einflussgrößen auf die Unternehmen dieser Branche systematisch erfasst und analysiert werden können. Im allgemeinen werden fünf Einflussgrößen unterschieden, von denen in Summe die Attraktivität einer Branche bestimmt wird: die Marktmacht der Lieferanten und Nachfrager, die Bedrohung durch Ersatzprodukte und potenzielle Konkurrenten sowie die Rivalität zwischen den bestehenden Wettbewerbern (Abbildung 26). Die Ausprägungen dieser Einflussgrößen werden jeweils durch eine Reihe von Einzelfaktoren näher bestimmt. So wird beispielsweise die Lieferantenmacht, d.h. ihre Fähigkeit, höhere Preise zu fordern oder schlechtere Qualität zu liefern, unter anderem durch die Zahl der Zulieferer oder die Höhe der Umstellungskosten beeinflusst. Die Abnehmermacht, die sich in der Möglichkeit äußert, niedrigere Preise und bessere Qualität zu fordern, hängt von ähnlichen Faktoren ab. Die Bedrohung durch neue Anbieter, die die Kapazitäten in der Branche erhöhen und dadurch das Preisniveau drücken, wird unter anderem durch die Zugangsmöglichkeiten zu Vertriebskanälen oder den Kapitalbedarf für einen Markteintritt beeinflusst. Die Bedrohung durch Ersatzprodukte hängt z.B. vom relativen Preis-/Leistungsverhältnis der Produkte ab. Die Rivalität innerhalb der Branche schließlich wird unter anderem durch das Wachstum der Branche und die Höhe der verfügbaren Kapazitäten bestimmt[1].

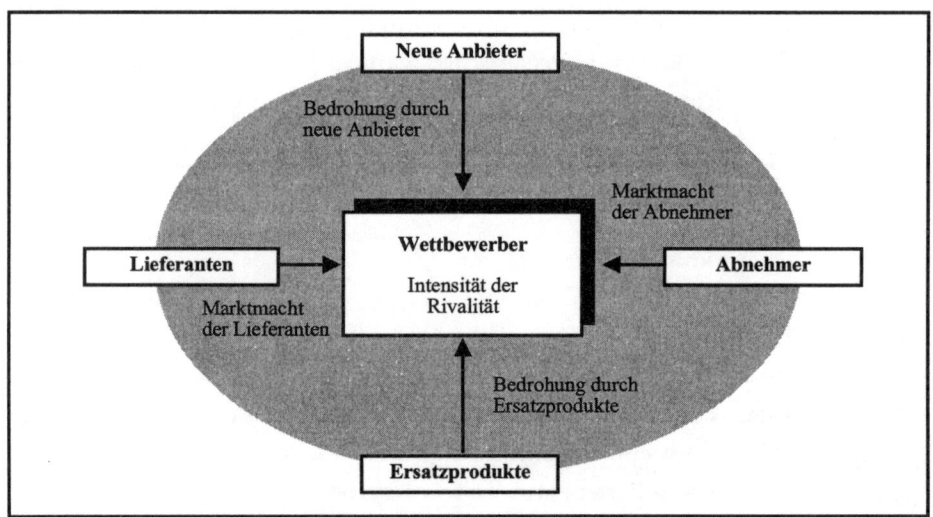

Abbildung 26: Branchenstruktur-Modell zur Analyse der externen Situation

Der Nutzen dieses Modells besteht darin, dass es eine systematische und vollständige Betrachtung der im Wettbewerb relevanten Faktoren sicherstellt. Aus diesem Grund erweist sich die Analyse der Branchenstruktur vor allem im Anfangsstadi-

---

1   Vgl. ausführlich Porter, M.: Competitive Strategy, New York 1980.

um der Problemanalyse als zweckmäßig, wenn es darum geht, die Branche zu verstehen, in der ein Unternehmen arbeitet, und zu simulieren, ob und wie die relevanten Gruppen - und hier vor allem die Wettbewerber - auf mögliche Veränderungen der eigenen Strategie reagieren werden. Das Branchenstruktur-Modell erlaubt es, Chancen und Risiken einzuschätzen, die sich am Markt ergeben, und ermöglicht es so, Erfolgspotenziale sowie Wege zur Umgehung von Risiken aufzuzeigen. So lässt sich beispielsweise erkennen, ob einer Branche durch Überkapazitäten oder geringes Wachstum ein verstärkter Preiswettbewerb droht oder ob die Abhängigkeit der Abnehmer von den Produkten des eigenen Unternehmens tendenziell zu Preiserhöhungen genutzt werden könnte.

Auch für Fred Klabuster und sein Team wäre es wichtig, das wettbewerbliche Umfeld der Firma Bunsenbrenn zu verstehen. Eine **Analyse des Wettbewerbsumfelds der Bunsenbrenn AG** auf Basis des Branchenstruktur-Modells erscheint daher sinnvoll. Dabei könnte folgende Situationsbeschreibung erarbeitet werden:

Der Markt für Schweißbrenner wird von vier Wettbewerbern beherrscht, die sich jedoch so positioniert haben, dass sie sich in ihren jeweiligen Marktsegmenten weitgehend aus dem Weg gehen. Die **Rivalität der (aktuellen) Wettbewerber** ist daher relativ gering. Allerdings erfordert die Produktion von Schweißbrennern erhebliche Investitionen in spezifische Infrastruktur - also in Produktionseinrichtungen, die nicht oder nur sehr schwer in andere Verwendungsrichtungen gelenkt werden könnten. Diese Investitionen binden die Wettbewerber an ihr Geschäft und verhindern, dass selbst bei negativer Ergebnisentwicklung den Markt verlassen würden. Diese Situation wird dann gefährlich, wenn einer der Anbieter die bisherige Marktaufteilung nicht mehr akzeptiert und aggressiv in "den Geschäften der anderen wildert". Der hohe Investitionsbedarf wirkt sich aber auch auf die Wahrscheinlichkeit des **Eintritts neuer Wettbewerber** aus: er verringert sie.

Und auch eine **Substitution** von Schweißbrennern erscheint kaum möglich. Nur dann, wenn die Unternehmen, die Schweißbrenner einsetzen, ihre eigene Produktion umstellen - beispielsweise indem zunehmend Kunststoff verarbeitet wird -, gewinnen Ersatzprodukte ernsthaft an Bedeutung.

Die **Abnehmer** selber sind in dieser Branche in einer recht guten Position. Schweißbrenner sind für sie ein Produktionsmittel, das für die Qualität und die Kundenwahrnehmung ihrer eigenen Produkte vollkommen unbedeutend ist. Auch die Kosten der Brenner spielen für die Gesamtkosten der (End-)Produkte kaum eine Rolle. Zudem wäre es für die meisten Kunden möglich, von einem Brennerhersteller zum nächsten zu wechseln. Die Abnehmer befinden sich daher gegenüber den Herstellern von Schweißbrennern in einer recht guten Verhandlungsposition, die sie unter anderem nutzen, um ihre jeweiligen Sonderwünsche in Sonderanfertigungen durchzusetzen.

Gut für Bunsenbrenn ist allerdings, dass sich diese Merkmale spiegelbildlich auch auf die **Lieferanten** der Brennerhersteller übertragen lassen. Deren Verhandlungsmacht gegenüber den Produzenten von Schweißbrennern ist ebenfalls gering.

(4)   SCP-Modell

Die zukünftige Stellung eines Unternehmens im Wettbewerb wird durch die Entwicklung der Branchenstruktur bestimmt. Ein Instrument, um ausgehend von der gegenwärtigen Branchenstruktur zu analysieren, wie sich das Branchen- bzw. Wettbewerbsumfeld eines Unternehmens verändern wird und welche Auswirkungen diese Veränderungen voraussichtlich haben werden, ist das so genannte Structure-Conduct-Performance-Modell (SCP-Modell)[1].

Das SCP-Modell analysiert die logischen Beziehungen zwischen der Branchenstruktur (Structure), dem Wettbewerberverhalten (Conduct) und den ökonomischen Ergebnissen des Wettbewerbs (Performance). Dabei wird angenommen, dass die Performance eines Unternehmens durch sein eigenes strategisches Verhalten und durch das Verhalten der Wettbewerber determiniert wird, wobei beide

---

[1]   Vgl. ausführlich Scherer, F., Ross, D.: Industrial Market Structure and Economic Performance, 3. Aufl., Boston 1990.

Verhaltensweisen wiederum entscheidend durch die Branchenstruktur bestimmt werden (Abbildung 27).

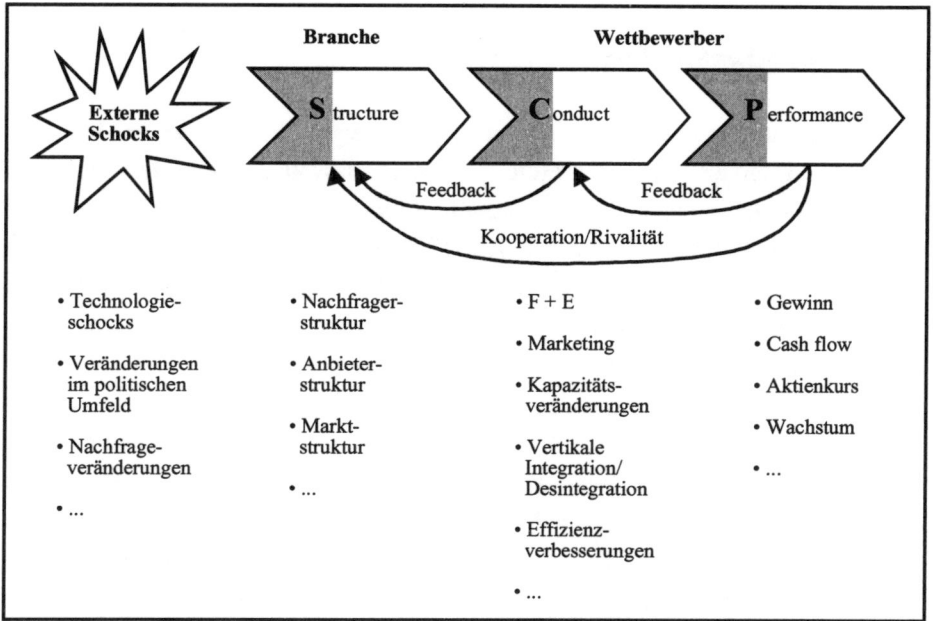

Abbildung 27: SCP-Modell zur Analyse von Veränderungsprozessen

Der Nutzen des SCP-Modells liegt darin, dass es die gegebenen logischen Beziehungen zwischen der Branchenstruktur, dem Verhalten einzelner Wettbewerber sowie der Wettbewerbsposition des eigenen Unternehmens aufzeigt. Hierauf aufbauend kann analysiert werden, inwieweit mögliche Veränderungen – so genannte "externe Schocks" - die Branchenstruktur, das Wettbewerberverhalten und folglich die Performance des Unternehmens beeinflussen. In diesem Rahmen können die verschiedensten ökonomischen Modelle, wie z.B. Nachfrage- und Angebotsmodelle, Modelle zur vertikalen Integration von Unternehmen und auch spieltheoretische Ansätze, genutzt werden, um die entsprechenden Wirkungsbeziehungen zwischen den Elementen des SCP-Modells herzustellen. Auch die Rückwirkungen einer veränderten Performance von Unternehmen auf das Unternehmensverhalten und die Branchenstruktur können analysiert werden. Auf dieser Basis können in einer dynamischen Perspektive auch die (qualitativen) Konsequenzen alternativer Strategien auf Wettbewerbsstruktur, Wettbewerberverhalten und letztlich auf die Wettbewerbsergebnisse untersucht werden.

(5) Strategisches Spielbrett

Aufbauend auf der Analyse der internen und externen Situation eines Unternehmens, die unter anderem mit Hilfe des Geschäftssystems oder des Branchenstruktur-Modells erfolgen kann, müssen im Rahmen der Problemanalyse Alternativen für die zukünftige strategische Ausrichtung eines Unternehmens entwickelt werden (Strategieformulierung). Ein Instrument, das bei der Formulierung und Auswahl von Wettbewerbsstrategien hilfreich sein kann, ist das so genannte strategische Spielbrett. Es dient dazu, Strategieoptionen zu generieren, die zu Wettbewerbsvorteilen gegenüber der Konkurrenz führen können[1].

Beim strategischen Spielbrett handelt es sich um eine dreidimensionale Matrix, die mit Hilfe von drei strategischen Kernfragen die prinzipiellen Möglichkeiten beschreibt, Wettbewerbsvorteile gegenüber Konkurrenten zu erzielen. So muss ein Unternehmen zunächst festlegen (erste Frage), welche Art von Wettbewerbsvorteil es anstrebt. Prinzipiell stehen zwei Möglichkeiten offen: ein Kundenbedürfnis besser (Differenzierung) oder billiger (Kosten-/Preisführerschaft) als die Konkurrenz zu befriedigen. In der zweiten Dimension der Matrix muss die Frage beantwortet werden, wo der angestrebte Wettbewerbsvorteil erreicht werden soll - auf einem Teilmarkt, d.h. bei bestimmten Kundensegmenten oder in bestimmten Regionen, oder auf dem Gesamtmarkt. Drittens muss festgelegt werden, wie der angestrebte Vorteil erreicht werden soll. Bei der Entscheidung für ein "neues Spiel" wird eine neuartige Gestaltung des eigenen Geschäftssystems gewählt, um den angestrebten Wettbewerbsvorteil zu erreichen, während beim "bisherigen Spiel" die traditionell übliche Gestaltung des Geschäftssystems beibehalten wird (Abbildung 28).

---

[1] Vgl. Feider, J., Schoppen, W.: Prozeß der strategischen Planung - Vom Strategieprojekt zum strategischen Management, in: Handbuch Strategische Führung, Hrsg. H. Henzler, Wiesbaden 1988, S. 675.

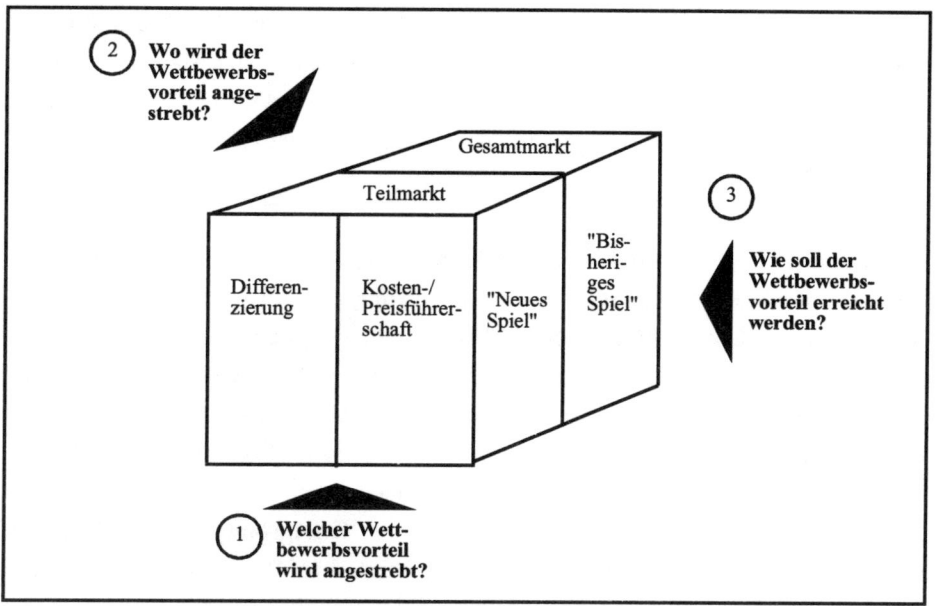

Abbildung 28: Strategisches Spielbrett zur Entwicklung von Strategieoptionen

Der Einsatz des strategischen Spielbretts bei der Strategieformulierung führt dazu, dass sich die Beteiligten auf die wesentlichen Fragestellungen konzentrieren und stimuliert gleichzeitig die Kreativität der Strategieentwicklung durch die neuartige Kombination unterschiedlicher Optionen. Dabei lassen sich auch bisher nicht verfolgte oder scheinbar abwegige Strategiealternativen näher beleuchten, bei denen in vielen Fällen nachträglich ein beachtliches Potenzial zum Erzielen von Wettbewerbsvorteilen erkannt wird. Letztendlich soll das strategische Spielbrett ein Unternehmen dabei unterstützen, diejenige Strategiealternative auszuwählen, die am ehesten geeignet ist, nachhaltige Wettbewerbsvorteile zu generieren.

(6)   Shareholder-Value-Ansatz

Sind Strategiealternativen entwickelt worden, müssen sie am Ende der Problemanalyse und der Lösungssuche hinsichtlich ihrer güterwirtschaftlichen und finanzwirtschaftlichen Konsequenzen beurteilt werden, um eine oder mehrere Lösungsalternativen zur Realisierung auswählen zu können. Für die Beurteilung der finanziellen Auswirkungen einer neuen Strategie eignet sich der Shareholder-Value-Ansatz, da mit seiner Hilfe geprüft werden kann, wie sich eine Lösungsalternative auf das oberste Unternehmensziel - "Maximiere den Shareholder Value!" - auswirkt[1].

Unter dem Begriff Shareholder-Value-Ansatz lassen sich viele verschiedene Varianten der finanziellen Strategiebewertung subsumieren. Eine dieser Varianten soll im Folgenden dargestellt werden. Dabei handelt es sich um ein auf dem Cash Flow basierendes Verfahren zur Unternehmensbewertung, das den Shareholder Value als den Gegenwartswert zukünftiger Zahlungsüberschüsse ermittelt, die ein Geschäftsfeld bzw. das gesamte Unternehmen für seine Eigentümer erwirtschaftet[2]. Durch den Vergleich des Shareholder Values vor und nach Durchführung einer geplanten Strategie lässt sich zum einen der Erfolgsbeitrag dieser Strategie messen. Zum anderen können mit Hilfe des Shareholder Values alternative Strategien miteinander auf ihre Erfolgswirkung hin verglichen werden.

Die Beurteilung einer Strategie, eines Geschäftsfeldes oder des gesamten Unternehmens mit Hilfe dieser Variante des Shareholder-Value-Ansatzes erfolgt in drei Schritten: (1) Prognose der Zahlungsüberschüsse (Free Cash Flows), (2) Bestimmung der Kapitalkosten, (3) Diskontierung und Wertermittlung (Abbildung 29).

Zunächst werden die zukünftigen **Ein- und Auszahlungen prognostiziert**. Die Daten für diese Prognose erhält man aus der Unternehmensplanung (Finanzplanung, Aufwands- und Ertragsplanung). Die Free Cash Flows werden für die Perioden innerhalb des strategischen Planungshorizonts (z.B. 5 Jahre) detailliert, für den Zeitraum nach dem strategischen Planungshorizont pauschal geplant. Die Free Cash Flows für den Zeitraum, für den konkrete strategische Planungen vorliegen, werden (indirekt) nach folgendem Schema ermittelt:

---

1   Vgl. Hahn, D., Hungenberg, H.: PuK - Wertorientierte Controllingkonzepte, 6. Aufl., Wiesbaden 2001, S. 151 ff.; ferner Copeland, T., Koller, T., Murrin, J.: Valuation, 3. Aufl., New York 2000.

2   Vgl. ausführlich Baetge, J., Niemeyer, K., Kümmel, J.: Darstellung der Discounted-Cashflow-Verfahren (DCF-Verfahren) mit Beispiel, in: Praxishandbuch der Unternehmensbewertung, Hrsg. V. Peemöller, Herne 2001, S. 263 ff.

Umsatz
-   Materialaufwand
-   Personalaufwand
-   Abschreibungen
-   Sonstiger Aufwand
- \+ Beteiligungsergebnis
- \+ Zinsergebnis
- \+ Außerordentliches Ergebnis
-   Steuern

= Jahresüberschuss

+ Zinsaufwand
+ Abschreibungen
+/- Veränderungen Rückstellungen

= Brutto Cash Flow

- Nettoinvestitionsauszahlungen

= Free Cash Flow

Für die Zeit nach dem Planungshorizont wird pauschal ein konstanter Free Cash Flow auf Basis des Free Cash Flow der letzten geplanten Periode angenommen, wenn man davon ausgeht, dass durch zusätzliche Investitionen nur noch die Kapitalkosten verdient werden können. Nimmt man jedoch an, dass durch die Strategie dauerhafte Wettbewerbsvorteile erlangt werden, was ja eigentlich der Fall sein sollte, kann ein Wachstum des Free Cash Flow nach dem Planungshorizont mit einer konstanten Wachstumsrate bezogen auf den Free Cash Flow der letzten Planungsperiode berücksichtigt werden.

Im zweiten Schritt werden die **Kapitalkosten** eines Geschäftsfeldes bzw. des gesamten Unternehmens als durchschnittlicher Kapitalkostensatz ermittelt. Dazu werden die Eigenkapitalkosten und die Fremdkapitalkosten geschätzt. Die Eigenkapitalkosten können z.B. mit Hilfe des CAPM als Summe aus dem Zinssatz risikofreier Anlagen und einem geschäftsspezifischen Risikozuschlag ermittelt werden. Die Fremdkapitalkosten entsprechen dem Marktzins für Fremdkapital nach

Steuern. Die relevanten Kapitalkosten ergeben sich dann als mit den Kapitalanteilen gewichteter Durchschnitt der Eigen- und Fremdkapitalkostensätze:

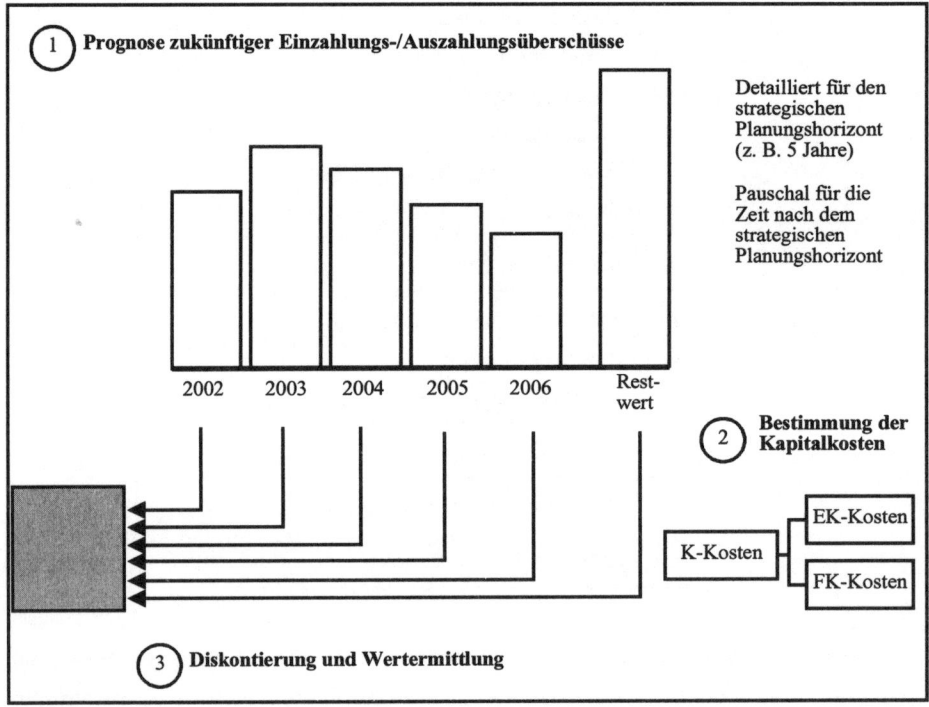

Abbildung 29:   Shareholder-Value-Ansatz zur Strategiebeurteilung

$$k_G = k_E * \frac{EK}{EK + FK} + k_F * \frac{FK}{EK + FK}$$

(1)[1]

---

[1]   Es bedeuten:

k_G Gesamtkapitalkosten
k_E Eigenkapitalkosten
k_F Fremdkapitalkosten
EK   Eigenkapital
FK   Fremdkapital.

Zur Berechnung des Shareholder Values werden im dritten Schritt die Free Cash Flows mit den Kapitalkosten auf den heutigen Zeitpunkt **diskontiert und auf-summiert**. Von dieser Summe, die den Wert des gesamten Geschäftsfelds bzw. Unternehmens darstellt, wird der Wert des Fremdkapitals in Abzug gebracht, um zum Shareholder Value zu gelangen. Der Shareholder Value läßt sich somit nach folgender Formel berechnen:

$$
SV = \sum_{t=0}^{T} FCF_t * (1 + k_G)^{-t} + \frac{FCF_{T+1}}{(k_G - g)} * (1 + k_G)^{-T} - FKW \qquad (2)^1
$$

(7) **Nutzwertanalyse**

Die Nutzwertanalyse, die auch als Punktbewertungs- oder Scoring-Modell bezeichnet wird, zielt darauf ab, eine größere Anzahl von Entscheidungsalternativen anhand von mehreren, nicht nur finanziellen Kriterien zu bewerten und entsprechend den Präferenzen des Entscheidungsträgers zu ordnen. Ihre große Stärke liegt in der gleichzeitigen Berücksichtigung von quantitativen und qualitativen Kriterien und in der nachvollziehbaren Durchführung und Dokumentation des Entscheidungsprozesses. Dadurch besitzt die Nutzwertanalyse eine hohe Akzeptanz bei den Entscheidungsträgern.

Die Nutzwertanalyse erfolgt in vier aufeinander aufbauenden Schritten: (1) Abgrenzung des Entscheidungsfelds, (2) Auswahl der Beurteilungskriterien und Festlegung der Kriteriengewichte, (3) Beurteilung der Alternativen, (4) Ermittlung der Nutzwerte für jede Alternative und Wahl derjenigen Alternative mit dem höchsten Gesamtnutzwert (Abbildung 30).

---

1   Es bedeuten:
SV   Shareholder Value
FCF_t Free Cash Flow der Periode t
k_G Gesamtkapitalkosten
t   Laufende Periode
T   Planungshorizont
g   Wachstumsrate des Free Cash Flow nach dem Planungshorizont
FKW   Fremdkapitalwert.

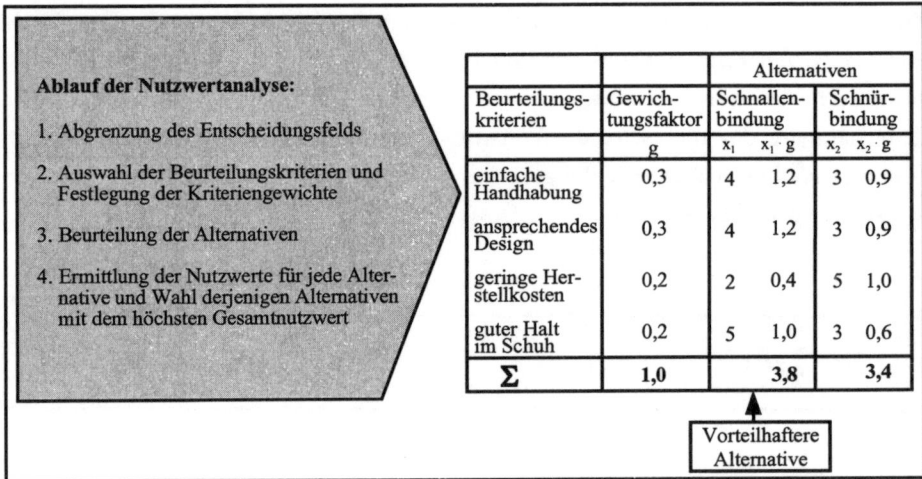

Abbildung 30:   Ablauf der Nutzwertanalyse

In einem ersten Schritt wird zunächst das **Entscheidungsfeld abgegrenzt**. Dazu ist das zu bewertende Problem zu definieren, und die relevanten Alternativen sind zu bestimmen. Dabei wird die anfängliche, möglicherweise sehr große Anzahl von Entscheidungsalternativen reduziert, indem überprüft wird, ob vorab festgelegte Muss-Kriterien erfüllt werden oder nicht. Alternativen, die eines dieser Muss-Kriterien nicht erfüllen, scheiden von vornherein aus der weiteren Betrachtung aus. Durch diesen Grobfilter lässt sich der zeitliche und personelle Bewertungsaufwand wesentlich verringern.

In einem zweiten Schritt gilt es festzustellen, welche (Soll-)Anforderungen für die anstehende Entscheidung wichtig und maßgeblich sind. Diese Anforderungen bestimmen die **Beurteilungskriterien**, die technischer, wirtschaftlicher, sozialer oder auch ökologischer Natur sein können. Eine besondere Stärke der Nutzwertanalyse liegt darin, dass sowohl quantitative als auch qualitative Kriterien berücksichtigt werden können. Des weiteren sind im zweiten Schritt die **Kriteriengewichte** (g) festzulegen. Dadurch wird eine Präferenzordnung zwischen den Beurteilungskriterien hergestellt. Die Gewichtungsfaktoren können beispielsweise als Multiplikatoren von 1 (wenig wichtig) bis 5 (sehr wichtig) oder als Prozentangaben, deren Summe immer eins (100%) ergeben muss, ausgestaltet sein.

Im dritten Schritt werden die Alternativen hinsichtlich der **Beurteilungskriterien bewertet** (x_1, x_2). Diese Bewertung kann zum Beispiel mit Punktwerten von 1 (sehr schlecht) bis 10 (sehr gut), mit Schulnoten von 6 (ungenügend) bis 1 (sehr gut) oder in Form eines Rankings vorgenommen werden. Dabei ist beim Vorgehen strikt darauf zu achten, dass die Kriteriengewichtung und die Alternativenbewertungen gleichgerichtet sind. Insbesondere bei der Beurteilung von qualitativen Zielkriterien ist es zweckmäßig, subjektive Einschätzungen durch die Einbindung von Experten oder Kunden soweit wie möglich abzusichern.

In einem letzten Schritt sind die **Gesamtnutzwerte** für die einzelnen Alternativen zu berechnen. Dazu sind erstens die Kriteriengewichtungen mit den jeweiligen Alternativenbewertungen zeilenweise zu multiplizieren (g^*x_1, g^*x_2) und zweitens die Multiplikationsergebnisse für jede Alternative spaltenweise zum Gesamtnutzwert zu addieren. Am vorteilhaftesten ist die Alternative mit dem höchsten Gesamtnutzwert[1].

4.4 Kreativität in der Problemanalyse

Die Problemanalyse ist ein Produkt des Zusammenspiels unterschiedlicher Erfolgsfaktoren: von Fachwissen, Motivation, Techniken und Kreativität. Das Gewicht dieser Erfolgsfaktoren kann in einzelnen Problemlösungsprozessen durchaus unterschiedlich sein - stets muss jedoch von jedem der Faktoren zumindest etwas vorhanden sein, um eine vernünftige Problemlösung entwickeln zu können. Neben einem gewissen Maß an Fachwissen und Motivation sowie einem sinnvollen Einsatz von Analysetechniken wird die Qualität einer Problemlösung also auch stets von der Kreativität des Problemlösungsteams bestimmt.

Der Begriff Kreativität leitet sich vom lateinischen Verb "creare" ab - das heißt erzeugen, Neues Schaffen, schöpfen. Kreativität wird daher allgemein als eine Art "schöpferische Kraft" verstanden, die sich im Unterschied zum rein analytischen

---

[1] Vgl. Vahs, D., Burmester, R.: Innovationsmanagement, Stuttgart 1999, S. 200 ff.; Hahn, D., Hungenberg, H.: PuK - Wertorientierte Controllingkonzepte, 6. Aufl., Wiesbaden 2001, S. 61 ff.

Denken dadurch auszeichnet, dass sie neue Aspekte und Ansätze für Problemlösungen schafft. Anders ausgedrückt: Eine kreative Problemlösung ist in einzelnen (wesentlichen) Teilaspekten oder sogar in ihrer Gesamtheit neu[1].

Es gibt viele Überlegungen dazu, wodurch Kreativität hervorgerufen wird. Manche halten sie für "die Gabe einer guten Fee"; andere meinen, dass man Kreativität wie Rad fahren lernen kann. Und auch die Beziehung zwischen der Intelligenz einer Person und ihrer Kreativität ist unklar: Es gibt viele intelligente Leute, die nie kreativ geworden sind, und mindestens genauso viele weniger intelligente Leute, die hoch kreativ sind. Es erscheint deswegen nur sinnvoll, davon auszugehen, dass jeder Mensch über ein kreatives Potenzial verfügt. Wovon aber hängt es ab, ob der Einzelne dieses Potenzial auch wirklich ausnutzt? Über welche Eigenschaften und Fähigkeiten sollte der Einzelne verfügen und wie sollte er vorgehen, um seine schlummernde Kreativität zum Leben zu erwecken?

Zunächst gibt es bestimmte Merkmale, die in der Person des Einzelnen liegen, und allgemein als kreativitätsfördernd gelten. **Offenheit gegenüber der Umwelt** ist so eine Eigenschaft, da sie es ermöglicht, die in der Umwelt enthaltenen Reize und Impulse aufzunehmen und als Initiatoren für neue Denkprozesse zu nutzen. Weiterhin hilft **Problemsensibilität** dabei, offensichtliche Gegebenheiten und Selbstverständlichkeiten zu hinterfragen, um neuartige Probleme und Veränderungsmöglichkeiten zu erkennen. Auch **gedankliche Flexibilität** ist wichtig, da sie hilft, Probleme aus den unterschiedlichsten Blickwinkeln zu betrachten und die einzelnen Elemente eines Problems losgelöst von bekannten Lösungsmustern zu kombinieren. So wird die Sicht für neue Lösungswege offen gehalten.

Neben diesen Personenmerkmalen ist für eine erfolgreiche Problemlösung auch ein **kreatives Umfeld** notwendig, das die handelnden Personen dazu ermutigt, ihr kreatives Potenzial weitestgehend auszuschöpfen. Ein kreatives Umfeld kann vor allem durch eine innovationsfreundliche Unternehmenskultur unterstützt werden, die dem Einzelnen Handlungsspielräume für schöpferisches Handeln lässt, einen ungezwungenen Umgang untereinander fördert und einen möglichst ungehinderten Informations- und Kommunikationsfluss sichert. Eine wichtige Rolle spielt in

---

[1]   Vgl. De Bono, E.: Six Thinking Hats, Boston 2000, S. 5 ff.

diesem Zusammenhang auch eine **kreativitätsfördernde Denkhaltung**. Sie zeichnet sich dadurch aus, dass sie offen für Neues ist und zulässt, ja fordert, dass Althergebrachtes in Frage gestellt wird. Sie zeichnet sich unter anderem dadurch aus, dass "Killerphrasen" unterbleiben, wie etwa:

> "... das wird auf keinen Fall funktionieren",
> "... das ist mein Bereich, davon verstehen Sie nichts",
> "... in der Theorie mag das stimmen, aber ...",
> "... ich weiß einfach, dass das nicht klappt",
> "... ich glaube einfach nicht ihren Zahlen",
> "... das haben wir schon immer so gemacht",
> "... das haben wir noch nie so gemacht",
> "... da könnt' ja jeder kommen".

Eine Denkhaltung, wie sie in solchen Redewendungen zum Ausdruck kommt, wäre das Ende jeder kreativen Arbeit. Es ist deshalb eine der vornehmsten Aufgaben derjenigen, die für das Management eines Problemlösungsprozesses verantwortlich sind, dafür zu sorgen, dass solche Denkweisen oder gar Äußerungen unterbleiben. Nur so kann ein kreatives Umfeld als notwendige (wenn auch nicht hinreichende) Voraussetzung für kreative Problemlösungen geschaffen werden.

Natürlich entstehen auch in einem solchen Umfeld die Ideen, die man später als kreativ bezeichnen würde, nicht von selber. Zumindest sollte man sich nicht darauf verlassen. Es ist daher sinnvoll, dem Problemlösungsteam durch die Anwendung sogenannter **Kreativitätstechniken** "auf die Sprünge zu helfen". Grundidee aller Kreativitätstechniken ist, kreativitätsfeindliche Rahmenbedingungen abzuschwächen und so ein Klima zu schaffen, das die Freisetzung des kreativen Potenzials der Teilnehmer unterstützt.

Den meisten Kreativitätstechniken liegt ein **Grundschema des kreativen Prozesses** zugrunde, das sich in drei Phasenabschnitte untergliedert. In der "logischen Phase", der Vorbereitungsphase, erfolgt eine vorwiegend rationale Auseinandersetzung der Teilnehmer mit dem zu lösenden Problem. Diese Phase soll eine zielorientierte Betrachtung des Problems und der Lösungsansätze gewährleisten und sicherstellen, dass die Teilnehmer ihre Problemlösungsroutinen ablegen und sich gedanklich gegenüber neuen Problemlösungsansätzen öffnen. Die "intuitive Phase" ist die eigentliche kreative Phase, bei der die bewusste, Routine-mäßige Ebene verlassen und das Problem auf der unbewussten Ebene intuitiv weiterverarbeitet wird. Dieser Phasenabschnitt endet mit dem Entdecken einer oder mehrerer Problemlösungsideen. In der dritten Phase, auch "kritische Phase" genannt, werden die Problemlösungsideen schließlich anhand verschiedener Bewertungskriterien (z.B. ökonomische, produkt- und verfahrenstechnische, absatzwirtschaftliche Kriterien) auf ihre Problemlösungswirkung hin überprüft. Diese Phase, die kritische Phase der Ideenbewertung, muss unbedingt getrennt von der Ideengenerierungsphase erfolgen, um nicht sofort jede neuartige Idee zu "zerreden".

Es gibt heute eine kaum überblickbare Vielzahl von derartigen Kreativitätstechniken, die in der Praxis mehr oder weniger verbreitet sind und mehr oder weniger erfolgreich eingesetzt werden. Sie zielen entweder schwerpunktmäßig darauf ab, die Intuition zu verstärken oder die Kreativität durch ein systematisch-analytisches Vorgehen zu fördern. Zu den bekanntesten **intuitiv-kreativen Techniken** zählen das Brainstorming, die Methode 635, die Kartenabfragetechnik, die Synektik und das Mind Mapping. Letzteres ist eine individuelle Methode , während die anderen Techniken in der Gruppe ausgeführt werden. Bei den **systematisch-analytischen Methoden**, die im Gegensatz zu den intuitiv-kreativen Methoden nicht das Problem als Ganzes betrachten, sondern es zunächst in seine Teilelemente zerlegen und durch anschließende Kombination und Variation der Elemente nach neuen Lösungsansätzen suchen, ist vor allem die Morphologische Analyse hervorzuheben[1]. Auf diese Kreativitätstechniken wird im Folgenden daher näher eingegangen.

• **Brainstorming**

Das Brainstorming ist eine sehr einfache Methode, die Kreativität eines Problemlösungsteams zu steigern. Sie zielt im Kern darauf ab, kreativitätsfördernde Diskussionsbedingungen zu schaffen und das Denkvermögen durch Assoziation zu stei-

---

[1] Vgl. ausführlich z.B. Schlicksupp, H.: Anstöße zum innovativen Denken, in: Handbuch Strategische Führung, Hrsg. H. Henzler, Wiesbaden 1988, S. 691 ff.; Higgins, J., Wiese, G.: Innovationsmanagement - Kreativitätstechniken für den unternehmerischen Erfolg, Berlin 1996.

gern. Dies geschieht, indem während einer Teamdiskussion ein zeitlich begrenzter Teil der Diskussion bewusst als "Brainstorming-Phase" deklariert wird, innerhalb derer die Teilnehmer unter Beachtung bestimmter Spielregeln Ideen entwickeln sollen. Diese Spielregeln sind:

- Quantität (von Ideen) geht vor Qualität;
- auch (auf den ersten Blick) unsinnige Ideen sind zulässig;
- Kritik an den Ideen anderer ist unzulässig;
- Weiterentwickeln der Ideen anderer ist willkommen.

Oft wird auf diesem Weg erreicht, dass sehr schnell eine Vielzahl von Ideen gewonnen wird, unter denen sich auch einige finden, auf die das Problemlösungsteam unter normalen Diskussionsbedingungen nicht gekommen wäre. Vor allem die Tatsache, dass Kritik an Ideen anderer ("... ja, aber...") unterbleibt, kann typische Denkblockaden beseitigen. Die Schwierigkeit der Methode liegt genau darin, diese und die anderen Spielregeln durchzusetzen. Meist ist hierzu ein geübter Moderator erforderlich. Dies gilt vor allem in schwierigen (d.h. konfliktträchtigen) Gruppensituationen. So ist es beispielsweise denkbar, dass ein dominanter Teilnehmer versucht, das Ergebnis der Sitzung in eine bestimmte Richtung zu lenken, oder aber, dass aufgrund der fehlenden Anonymität Hemmungen bestehen, auf den ersten Blick "verrückte" Ideen vor der gesamten Gruppe zu äußern.

• **Methode 635**

Die Methode 635 ist eine Variante des Brainwriting und in diesem Sinne stärker formalisiert als das Brainstorming. Es steht nicht die mündliche Mitteilung im Vordergrund, sondern das spontane schriftliche Festhalten von möglichst vielen Ideen. Negative Einflüsse anderer Teilnehmer und des Moderators sollen dadurch soweit wie möglich vermieden werden.

Bei der Methode 635 entwickeln "6" Teilnehmer je "3" Ideen in "5" Minuten. Diese Ideen werden jeweils an den nächsten Teilnehmer weitergereicht, der auf der Basis der ersten Einfälle eines anderen Teilnehmers drei weitere (neue oder weiterentwickelte) Ideen formuliert. Dieser Prozess wird solange wiederholt, bis jeder Teilnehmer zu den Grundideen jedes anderen Teilnehmers drei eigene Vorschläge entwickelt hat. In einer relativ kurzen Zeit (30 Minuten) kann auf diesem Wege eine hohe Anzahl problemrelevanter Ideen entwickelt werden.

Ziel der Methode 635 ist es, die Vorteile von Einzel- und Gruppenarbeit zu kombinieren. Dies erfolgt in einem sehr effizienten, weil strukturierten Prozess, der explizit dazu zwingt, fremde Ideen aufzugreifen. Diese Kreativitätstechnik kann eher als das Brainstorming auch in schwierigen Gruppensituationen zur Anwendung kommen. Dies gilt jedoch nur insofern, als (sachliche) Verständigungsprobleme zwischen den einzelnen Teilnehmern ausgeschlossen werden können, da diese angesichts der fehlenden Kommunikation nicht geklärt werden könnten. Das schriftliche Fixieren der Ideen führt jedoch in vielen Fällen zu weniger kreativen Ideen als beim Brainstorming, da eine geringere gegenseitige Anregung der Teilnehmer möglich ist.

- **Kartenabfragetechnik**

Die Kartenabfragetechnik zählt ebenso wie die Methode 635 zu den Brainwriting-Methoden. Bei der Kartenabfragetechnik werden die Ideen zunächst von den einzelnen Teilnehmern auf Moderationskarten schriftlich fixiert, um Störeinflüsse anderer Gruppenteilnehmer auszuschließen. Je eine Idee wird auf einer Moderationskarte festgehalten; die Anzahl der Karten wird vorher begrenzt. Der Moderator sammelt die Karten anschließend ein, mischt diese und trägt die Ideen einzeln vor. Die Strukturierung der Ideen erfolgt gemeinsam mit den Teilnehmern. Während dieser Strukturierungsphase sind auch Ergänzungen möglich.

Die Kartenabfrage kann je nach Problemlage unterschiedlich eingesetzt werden, entweder als einfache, doppelte oder dreifache Kartenabfrage. Bei der einfachen Kartenabfrage müssen die Teilnehmer Lösungen zu nur einer Problemstellung finden (z. B. "Was muss am Kundenservice verbessert werden?"). Bei der doppelten und bei der dreifachen Abfrage werden den Teilnehmern verschieden farbige Moderationskarten vorgelegt, auf denen die Ideen für die unterschiedliche Problemstellung festgehalten werden (z.B. dreifache Kartenabfrage: "Was wollen wir kurzfristig (grüne Karte), mittelfristig (rote Karte) und langfristig (gelbe Karte) tun?").

Die Kartenabfragetechnik eignet sich vor allem für Problemlösungsprozesse, bei denen sich jeder Teilnehmer zunächst bewusst allein oder auch zu zweit mit der Fragestellung auseinander setzen soll und eine anonyme Ideenentwicklung erwünscht ist. Diese Methode ist daher auch für schwierige Gruppensituationen geeignet; sich oft als störend erweisende Teamhierarchien werden ausgeschaltet und dominante Teilnehmer gebremst. Die entscheidende Schwachstelle dieser Technik ist allerdings, dass während der Ideensammlungsphase keine gegenseitige Anregung stattfinden kann.

• **Synektik**

Die Synektik ist eine Methode, die kreative Lösungen über eine systematische Verfremdung des Problems hervorzubringen sucht. Ziel dieser Methode ist es, einerseits das Fremde bekanntzumachen, andererseits soll das Bekannte verfremdet und so weiterentwickelt werden.

Ausgangspunkt der Synektik ist die Problementfremdung. Man versucht, das untersuchte Problem neu zu formulieren. Über die Verfremdung wird es möglich, nicht vordergründig erkennbare Beziehungen und Strukturen zwischen Objekten, Produkten und Personen aufzuzeigen. Damit gelangt man in völlig neue Sachbereiche, aus denen man Wissen ziehen kann. Dieses Wissen wird auf das eigentliche Problem übertragen, es werden Analogien gebildet. Dann wird geprüft, ob die Lösungen, die im Analogiebereich verwendet werden, auch auf den eigentlichen Untersuchungsbereich übertragen werden können. So entstehen oftmals neuartige Lösungsansätze durch Übertragung.

Die Synektik ist zwar ein methodisch anspruchsvolles und zeitintensives Verfahren, liefert jedoch oft sehr nützliche Ergebnisse. Ihr Hauptproblem ist, dass es manchen Teilnehmern nicht gelingt, sich von den bekannten Objekten zu lösen. Sie lehnen sich unbewusst gegen die Verfremdung auf. Die Akzeptanz erhöht sich jedoch oft mit zunehmender Wiederholung dieser Methode.

- **Mind Mapping**

Das Mind Mapping kann als Brainstorming einer Einzelperson beschrieben werden. Ziel dieser Technik ist es, möglichst viele Ideen zu produzieren und deren Beziehungen zueinander zu erkennen, die Qualität der Ideen bleibt dabei zunächst unbeachtet.

Zu diesem Zweck wird das zu untersuchende Problem in das Zentrum eines Blatt Papiers geschrieben. Die einzelnen Aspekte des Problems sind zu identifizieren und als "Hauptstraßen" auf dem Papier einzutragen. Jede dieser "Hauptstraßen" wird dann einem eigenen Brainstorming unterzogen. Die sich ergebenden Ideen stellen von den "Hauptstraßen" ausgehende Verzweigungen dar, sie sind die "Nebenstraßen". Hinter dieser Methode verbirgt sich der Grundsatz: vom Allgemeinen zum Speziellen. Endergebnis ist schließlich die "Mind Map".

Die Kunst des Mind Mapping besteht darin, Einfälle richtig zu formulieren und sie im passenden Sinnzusammenhang in die visuelle Darstellung zu integrieren. Das Mind Mapping ist eine einfach zu erlernende Methode, mit der schnell produktive Ergebnisse erzielt werden können.

- **Morphologische Analyse**

Die Morphologische Analyse zählt zu den systematisch-analytischen Methoden. Unter Morphologie versteht man die Lehre von den Gestalten und Formen eines Sachbereichs. Bei der Morphologischen Analyse wird ein festgelegter Sachbereich systematisch, vollständig und überschneidungsfrei nach allen denkbaren Merkmalen gegliedert. Durch Kombination der verschiedenen Ausprägungen dieser Merkmale sollen dann neuartige Problemlösungen generiert werden.

Die Morphologische Analyse kann von einem einzelnen Teilnehmer oder in der Gruppe ausgeübt werden. Wird sie als Gruppenarbeit durchgeführt, vollzieht sie sich in der Art einer Brainstorming-Sitzung. Die Darstellung sämtlicher Merkmale und ihrer Ausprägungen erfolgt in einer Matrix, dem sogenannten "**Morphologischem Kasten**". Die verschiedenen Merkmale werden zeilenweise untereinander angeordnet, in den Spalten befinden sich die Ausprägungen der einzelnen Parameter. Eine bestimmte Lösung ist dann ein Linienzug (ein Profil), der von oben nach unten durch je eine Ausprägung der einzelnen Parameter gezogen wird (Abbildung 31).

Parameter	Ausprägungen				
	1	2	3	4	5
Material	Glas	Stahl	Kunst-stoff	Textil	Holz
Betätigung	elek-trisch	mecha-nisch	pneu-matisch	hydrau-lisch	
Aufbau-prinzip	Cabriolet	Hardtop	Verdeck	Schiebe-dach	
Öffnungs-prinzip	Faltdach	Rollo	Lamellen	Klapp-dach	
Schutz-funktion	Sonne	Regen	Stein-schlag	Kälte	Lärm

Abbildung 31:   Morphologischer Kasten für das Beispiel "Autodachöffnungen"

Der Wert der Morphologischen Analyse liegt in vielen Fällen stärker im Analyseprozess als im Ergebnis. Durch die Diskussionen um die Notwendigkeit bestimmter Merkmale und ihrer jeweiligen Ausprägungen werden die Teilnehmer wechselseitig zum Nachdenken angeregt, und es wird neues kreatives Potenzial freigesetzt. Auf der anderen Seite ist gerade die notwendige Vollständigkeit der Problemanalyse nur relativ aufwändig zu realisieren und erfordert zudem ein problembezogenes, umfassendes Fachwissen.

Für einen kreativen Problemlösungsprozess gibt es kein Patentrezept. Kreativitätstechniken sind zwar generell hilfreich, die Suche nach neuen Ideen zu unterstützen - welche Technik jedoch im konkreten Anwendungsfall eingesetzt werden soll, hängt von der Situation ab. So sind in der Anfangsphase eines Problemlösungsprozesses eher intuitive Methoden angebracht, in der Schlussphase dagegen eher analytische Methoden. Intuitive Verfahren, die eine gewisse Formalisierung aufweisen (z.B. Methode 635), eignen sich vor allem in einer "festgefahrenen" Situation - wenn es zu bereits zu Konflikten im Problemlösungsteam gekommen ist.

Ob in einem Problemanalyseprozess aber wirklich etwas Neues herauskommt, hängt nicht nur von den eingesetzten Kreativitätstechniken ab, sondern von vielen Faktoren. So ist vor allem auch die **Zusammensetzung des Problemlösungsteams** eine wichtige Einflussgröße der Kreativität. Im allgemeinen kann davon ausgegangen werden, dass die Kreativität der Problemlösung steigt, wenn die Mitglieder des Problemlösungsteams unterschiedliche fachliche und organisatorische Hintegründe haben. Außerdem kann auch die Einbindung von externen Partnern (z.B. Kunden und Lieferanten) sowie externen Experten die Kreativität fördern. Die Heterogenität der Teammitglieder steigert die Anregungsdichte für den Einzelnen und führt dazu, dass ein Problem tendenziell aus mehreren unterschiedlichen Perspektiven - und damit umfassender - betrachtet wird.

5. Problemlösungen kommunizieren

5.1 Ziel und Anforderungen der Kommunikation

"Was wollen Sie uns damit eigentlich sagen?"

Anlass für das unerfreuliche Gespräch, das Fred mit seinem Chef, Herrn Armleuchter, führen musste, war Freds Präsentation vor der Geschäftsführung. "Die", so musste Fred sich selber eingestehen, "die ist wirklich in die Hose gegangen".

"Dabei haben wir uns so gut vorbereitet", klagte er, und in der Tat, Fred und sein Team haben das ganze Wochenende durchgearbeitet, um ihre Präsentation fertigzustellen. Natürlich haben Sie, "wie sich das heute gehört", Schaubilder erstellt, um der Geschäftsführung erklären zu können, was sie in den vergangenen Monaten alles getan haben. Jede einzelne Analyse, jedes Gespräch, jede Erkenntnis, die ihnen wichtig war, haben sie in ein Schaubild gepackt, "damit die Geschäftsführer das auch wirklich verstehen", wie es Frau Warm leicht ironisch formulierte.

Leider haben die Geschäftsführer gar nichts verstanden, und vieles von dem, was Fred vortrug, schien die beiden auch nicht so recht zu interessieren: "Klabuster, was wollen Sie uns damit eigentlich sagen?" fragte Anton Armleuchter einmal, als Fred gerade genau erklärte, wie die Projektgruppe die Maschinenauslastung im Produktionsbereich ermittelt hatte. "Wie kann man denn so dumm sein, das nicht zu verstehen?", fragte ihn Frau Warm hinterher. "Na ja", meinte Fred, "vielleicht war die Auslastungsfrage doch nicht ganz so wichtig, wie wir gedacht haben".

In jedem Fall blieb bei den Geschäftsführern am Ende der Präsentation der Eindruck zurück, dass Freds Team nach sechs Monaten Arbeit immer noch keine gescheite Idee hat, was die Firma Bunsenbrenn in Zukunft anders machen könnte - "eine Gemeinheit", wie Else meinte: "Schließlich haben wir doch diese tolle Idee, wie wir uns neu im Markt positionieren könnten".

"Na ja", musste Fred eingestehen, "vielleicht habe ich das auch nicht ganz so gut herüber gebracht".

Es ist nicht richtig überraschend, aber auch bei der Kommunikation haben Fred und sein Team wieder einmal so ziemlich alles falsch gemacht, was man falsch machen kann.

Es fängt schon damit an, dass sie anscheinend die Bedeutung der Kommunikation unterschätzt haben. Wäre dies nicht der Fall, hätten sie für die Vorbereitung einer wichtigen Kommunikationsmaßnahme nach sechs Monaten Projektarbeit wohl mehr als zwei Arbeitstage aufgewendet - denn auch ein durchgearbeitetes Wochenende hat nicht mehr als zwei Tage. Bei 120 Arbeitstagen für die Problembearbeitung ist die Kommunikation damit offensichtlich untergewichtet. Trotzdem wird dieser Fehler häufig gemacht, denn viele Problemlösungsteams unterschätzen die Bedeutung ihrer Kommunikationsmaßnahmen. Mit anderen Worten: sie übersehen, dass auch **die beste Problemlösung ohne sinnvolle Kommunikation wirkungslos** ist, weil sie keiner versteht. Und wenn sie keiner versteht, wird sie auch niemals realisiert werden.

Sieht man einmal hiervon ab, scheint Freds Präsentation für die Geschäftsführung auch materiell einige typische Schwachstellen aufzuweisen. Typische Fehler bei der Kommunikation sind:

- **Kommunikation ist nicht strukturiert und ergebnisorientiert.**

Im Regelfall ist derjenige, der Adressat einer Kommunikationsmaßnahme ist, nicht daran interessiert, wie der Vortragende zu seinen Erkenntnissen (seinen Aussagen) gekommen ist - er will die Erkenntnisse an sich erfahren und nicht den Weg dorthin. Diese Anforderung wird in der Kommunikation oft übersehen. So hat auch Fred Klabuster seine Geschäftsführer durch seinen eigenen Prozess der Erkenntnisgewinnung "gejagt", bevor er zu den Ergebnissen dieses Prozesses gekommen ist. So hat er beispielsweise ausführlich darüber gesprochen, wie die Maschinenauslastung im Produktionsbereich ermittelt wurde, bevor er zu dem eigentlich Interessanten kam: ob sie ein Problem darstellt und wie sie verbessert werden kann. Allgemein gesprochen, wäre es hier richtig gewesen, die Kommunikation stärker ergebnisorientiert aufzubauen - das heißt, die wirklich wichtigen Schlussfolgerungen an den Anfang zu stellen und Analysen, die zu diesen Schlussfolgerungen geführt haben, dort (und nur dort) in die Kommunikation einzubauen, wo sie zum Verständnis bzw. zur Akzeptanz einer Aussage notwendig sind.

- **Kommunikation wird nicht empfängerorientiert aufbereitet.**

Wer etwas kommuniziert, sollte sich zuvor überlegen, wer der Empfänger seiner Kommunikation ist, denn nicht für jeden Empfänger ist die gleiche Kommunikationsform zweckmäßig. Es ist daher wichtig, dass Inhalte und Struktur sowie auch Medien und Stil der Kommunikation so festgelegt werden, dass sie Aspekte wie die Erwartungshaltung, die Einstellungen, die Vorkenntnisse sowie mögliche Reaktionen des Kommunikationsempfängers berücksichtigen. Um andere von den Aussagen der eigenen Kommunikation zu überzeugen - und das ist doch letztlich der Zweck jeder Kommunikationsmaßnahme -, muss diese auf die Empfänger der Kommunikation zugeschnitten werden.

- **Kommunikation wird nicht zweckmäßig vermittelt.**

Eine Kommunikation, auch wenn sie gut strukturiert und empfängerorientiert aufbereitet ist, muss schließlich noch an ihren Adressaten gebracht, das heißt vermittelt werden. Egal, ob es sich um eine schriftliche oder mündliche Kommunikationsmaßnahme handelt - auch hier wird typischerweise einiges falsch gemacht. Um wirkungsvoll zu kommunizieren, muss ein Problemlösungsteam auch in diesem Sinne Kommunikationsfähigkeiten, speziell Präsentationsfähigkeiten, entwickeln.

Die Kommunikation dient also letztlich dazu, Erkenntnisse zu vermitteln, die ihren Empfänger in die Lage versetzen sollen, über eine bestimmte Problemlösung zu entscheiden. Nur wenn er diese Erkenntnisse versteht und akzeptiert, wird die Problemlösung in Gang kommen. Insofern erscheint es nicht ungerechtfertigt, die

Teilaktivität Kommunikation im Rahmen eines Problemlösungsprozesses als ebenso wichtig wie die "eigentlich problemlösenden Phasen" zu bezeichnen. Problemlösung ohne Kommunikation ist wirkungslos, wie es schon Eugen Roth in der ihm eigenen Anschaulichkeit formuliert hat:

> "Ein Mensch sitzt kummervoll und stier
> Vor einem weißen Blatt Papier.
> Jedoch vergeblich ist das Sitzen -
> Auch wiederholtes Bleistiftspitzen
> Schärft statt des Geistes nur den Stift.
> Selbst der Zigarre bittres Gift,
> Kaffee gar, kannenvoll geschlürft,
> Den Geist nicht aus den Tiefen schürft,
> Darinnen er, gemein verbockt,
> Höchst unzugänglich einsam hockt.
> Dem Menschen kann es nicht gelingen,
> Ihn auf das leere Blatt zu bringen.
> Der Mensch erkennt, dass es nichts nützt,
> Wenn er den Geist an sich besitzt,
> Weil Geist uns ja erst Freude macht,
> Sobald er zu Papier gebracht."

Wie im Rahmen eines Problemlösungsprozesses wirkungsvoll kommuniziert werden kann, ist Gegenstand der folgenden Abschnitte. Ausgehend von den Zielen einer Kommunikationsmaßnahme (Informieren, Konsens schaffen, Entscheidungen herbeiführen, Handlungsdruck erzeugen ...) gehört dazu zweierlei: dass die Struktur der Kommunikation bestimmt wird und ihre Inhalte "transportiert" und vermittelt werden.

5.2 Strukturieren von Kommunikation

Es gibt unterschiedliche Möglichkeiten, Aussagen zu kommunizieren. Zwei Beispiele für eine "**Nachricht an den Chef**" illustrieren dies:

- **Alternative 1**: "Herr Müller hat ein Fax geschickt, mit dem er mitteilt, dass er den Termin am Freitag um 15 Uhr leider nicht schafft. Herr Schulze sagt, ihm sei auch etwas Unvorhergesehenes dazwischen gekommen. Montag wäre okay, aber es geht nicht vor 10.30 Uhr. Laut Herrn Meiers Sekretärin kommt dieser auch erst Montag, 9 Uhr, aus Detroit zurück. Der Konferenzraum ist am Freitag besetzt, aber Montag ab 14 Uhr noch frei. Was sollen wir machen?"

- **Alternative 2**: "Könnten wir die Freitags-Sitzung auf Montag 14 Uhr verlegen? Der Termin wäre für Herrn Müller und Herrn Schulze günstiger, und auch Herr Meier könnte dann teilnehmen".

Wo liegt der Unterschied zwischen beiden Alternativen? Er liegt in der Strukturierung und der Ergebnisorientierung der Kommunikation. Alternative 1 ist das typische Beispiel einer unstrukturierten Bündelung von Aussagen, bei der dem Empfänger nur klar wird, dass es anscheinend schwierig ist, einen gemeinsamen Termin mit allen Teilnehmern zu finden. Dabei gibt es eigentlich eine Lösung für das Problem - nur: der Chef erfährt sie nicht, wenn er sie sich nicht selber zusammenreimen kann (oder sich zuvor eine Zeichnung macht). Das aber - den Empfänger die Aussagen selber entwickeln zu lassen - ist nicht der Zweck einer Kommunikationsmaßnahme. Eine wirkungsvolle Kommunikation soll dem Empfänger unmittelbar die Aussagen liefern, um die es geht, und nur solche Erklärungen hinzufügen, die notwendig sind, um diese Aussagen zu verstehen - so wie es in Alternative 2 geschehen ist.

Eine solche, **hierarchisch strukturierte Kommunikation** ist der Schlüssel zum Kommunikationserfolg. Sie stellt eine Kernaussage oder -frage an den Anfang ("Können wir die Sitzung auf Montag 14 Uhr verlegen"), die dann schlüssig mit weiteren Aussagen untermauert wird (Montag "wäre für Herrn Müller und Herrn Schulze günstiger, und auch Herr Meier könnte dann teilnehmen"). Dabei fassen Aussagen auf einer Ebene der Kommunikationshierarchie alle Aussagen auf der jeweils darunter liegenden Ebene zusammen. Diese wiederum müssen gleichartig und logisch nach Priorität oder zeitlicher Reihenfolge geordnet sein. Damit gilt auch bei der Erarbeitung von Kommunikationsstrukturen wie bei der Problemstrukturierung die Anforderung der "**MECE-ness**". Dies kann auch eigentlich nicht verwundern, denn Problem- und Kommunikationsstruktur sind zwei Seiten einer Medaille, die logisch den gleichen Anforderungen unterworfen sind.

Um wirkungsvolle Kommunikationsstrukturen zu entwickeln, die diese Anforderungen erfüllen, stehen zwei prinzipielle Gliederungsformen zur Verfügung, die logische Gruppe bzw. logische Kette genannt werden sollen[1]:

*   **Logische Gruppe**

Die einfachste Form einer hierarchischen Kommunikationsstruktur wird als logische Gruppe bezeichnet. Diese Strukturierungsform ist in unserem Beispiel einer "Nachricht an den Chef" in Alternative 2 gewählt worden. Sie ist unmittelbar ergebnisorientiert, da die Kernaussage der Kommunikation - das kann ein Ziel, eine Empfehlung, eine Lösung oder eine Frage sein - an den Anfang der Kommunikation gestellt wird (Abbildung 32). Schlussfolgerungen bzw. Analyseergebnisse, die diese Aussage unterstützen, werden dann entsprechend ihrer logischen Zusammenhänge auf den nachgeordneten Hierarchieebenen der Kommunikationsstruktur geordnet. Sie werden erst dann (und nur insoweit) angesprochen, wenn (wie) die Kernaussage durch nachgeordnete Aussagen erklärt oder präzisiert werden soll. Nachgeordnete Aussagen bilden mit den jeweils übergeordneten Aussagen eine Gruppe und lassen sich durch die Frage nach dem "Warum?" oder dem "Was?" und "Wie?" ableiten. Sie können unterschiedlich stark detailliert werden - je nachdem, inwieweit Detailaussagen notwendig sind, um einzelne übergeordnete Aussagen zu stützen.

*   **Logische Kette**

Auch die Strukturierungsalternative der logischen Kette ist in dem Sinne ergebnisorientiert, dass eine Kernaussage an der Spitze der Kommunikationshierarchie steht. Um diese Kernaussage zu plausibilisieren, baut die Kommunikation jedoch auf einer Argumentation auf, die in drei logischen Schritten zu der angestrebten Kernaussage führt (Abbildung 33). Erster Schritt der Argumentationskette ist dabei eine neutrale Aussage, die die anstehende Frage unkontrovers aufgreift. Sie

---

[1]   Vgl. Minto, B.: The Pyramid Principle, London 2001, S. 55 ff.

kann durch nachgeordnete Aussagen erklärt werden. Im nächsten Schritt wird an die Aussage des ersten Schritts angeknüpft, indem aus dieser eine kommentierende oder problematisierende Aussage abgeleitet wird. Diese Aussage soll das Spektrum möglicher Schlussfolgerungen (Lösungen) einengen. Im dritten Schritt wird dann die eigentliche Schlussfolgerung kommuniziert, die sich logisch zwingend aus der zweiten und der ersten Aussage ergibt. Sie zu kommunizieren ist der eigentliche Zweck einer logischen Kette; dabei soll die gewählte Argumentationskette dazu dienen, die vorgestellte Kernaussage nachvollziehbar zu machen und logisch zwingend zu begründen.

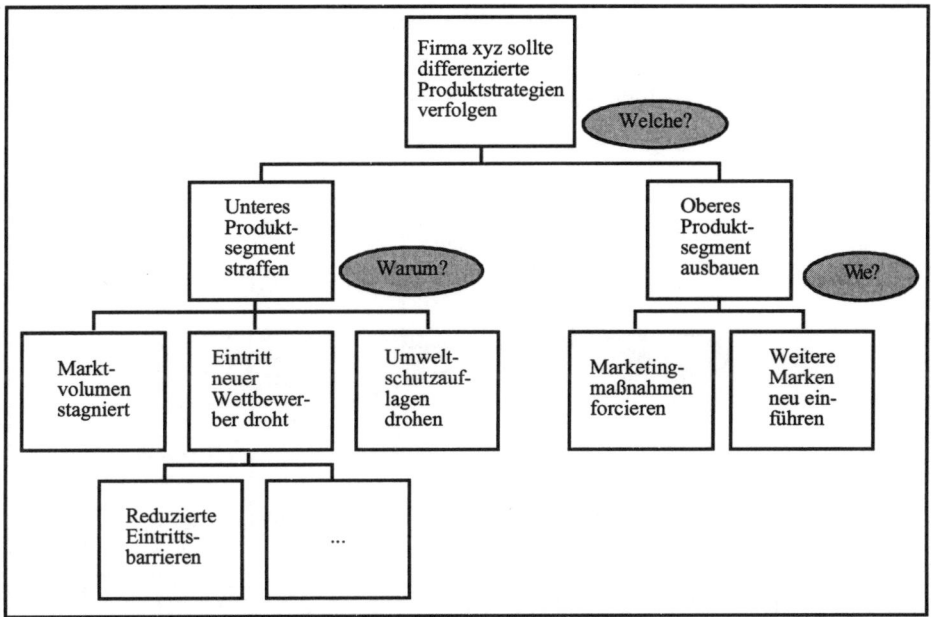

Abbildung 32:   Kommunikationsstruktur in Form einer logischen Gruppe

Es können im Regelfall beide Strukturierungsformen gewählt werden, um die gleiche Aussage zu kommunizieren. Logische Gruppe und logische Kette können auf unterschiedlichen Wegen das gleiche Ergebnis kommunizieren. Der wesentliche Unterschied zwischen den beiden Strukturierungsformen liegt darin, dass eine Kommunikation, die in Form einer logischen Gruppe aufgebaut ist, wesentlich direkter zu den angestrebten Schlussfolgerungen kommt. Sie ist deswegen sinnvoll, wenn die Kommunikationsempfänger offen und aktionsorientiert eingestellt sind und nicht von eventuell gegenteiligen Überzeugungen abgebracht werden müssen. Stehen die Empfänger der Kommunikation den zu kommunizierenden Schlussfolgerungen jedoch potenziell ablehnend gegenüber, so ist meist eine logische Kette sinnvoller. Sie kann eher dabei helfen, die Kommunikationsempfänger zu überzeugen - umso besser, je schlüssiger die aufgebaute Argumentationskette selber ist. Sämtliche Aussagen und Schlussfolgerungen können so in ihrem Zusammenhang dargestellt werden, dass am Ende klar wird, dass keine andere als die vorgestellte Lösung gangbar ist. Allerdings birgt eine logische Kette auch ein höheres Kommunikationsrisiko, da die gesamte Argumentation in sich zusammenbricht, wenn die erste oder die zweite Aussage, die eigentlich unkontrovers sein sollen, nicht akzeptiert werden. Dieses Risiko ist bei einer logischen Gruppe geringer, da Widerspruch gegen einzelne Aussagen(-gruppen) nicht zwingend die Gesamtaussage in Frage stellt.

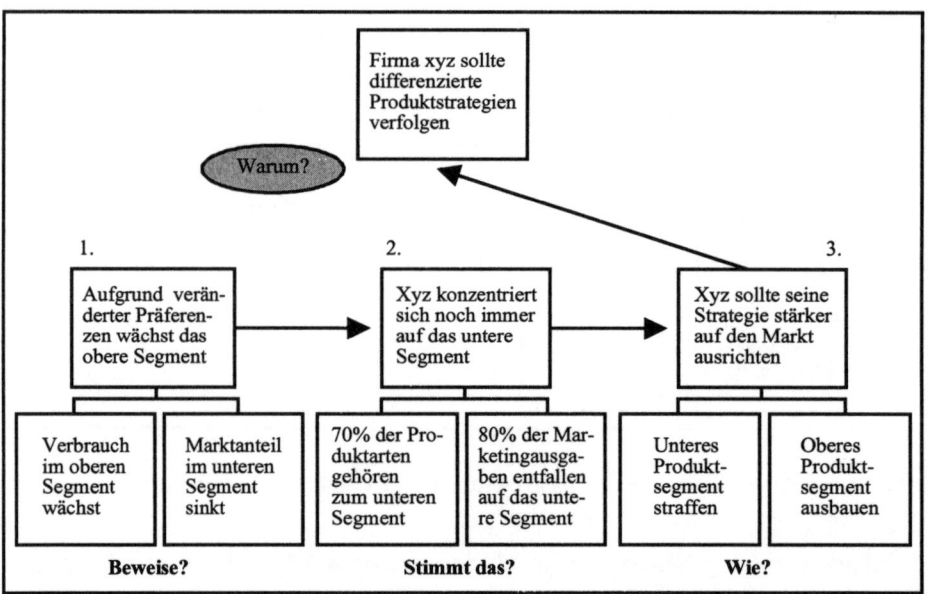

Abbildung 33: Kommunikationsstruktur in Form einer logischen Kette

Beide Strukturierungsformen können auch gleichzeitig in einer Kommunikation verwendet werden - natürlich jeweils auf unterschiedlichen Ebenen der Kommunikationshierarchie (Abbildung 34). So ist es keinesfalls zwingend, eine auf der obersten Ebene in Form einer logischen Gruppe strukturierte Kommunikation auch auf den nachgeordneten Ebenen durch Gruppen zu stützen. Wenn zumindest einzelne Aussagen in der logischen Gruppe kontrovers sind, kann es sogar im Gegenteil sehr sinnvoll sein, für diese Aussagen jeweils eine Argumentation in Form einer logischen Kette aufzubauen (logische Gruppe, unterstützt durch logische Ketten). Umgekehrt können auch einzelne Aussagen in logischen Ketten ihrerseits durch logische Gruppen unterstützt werden.

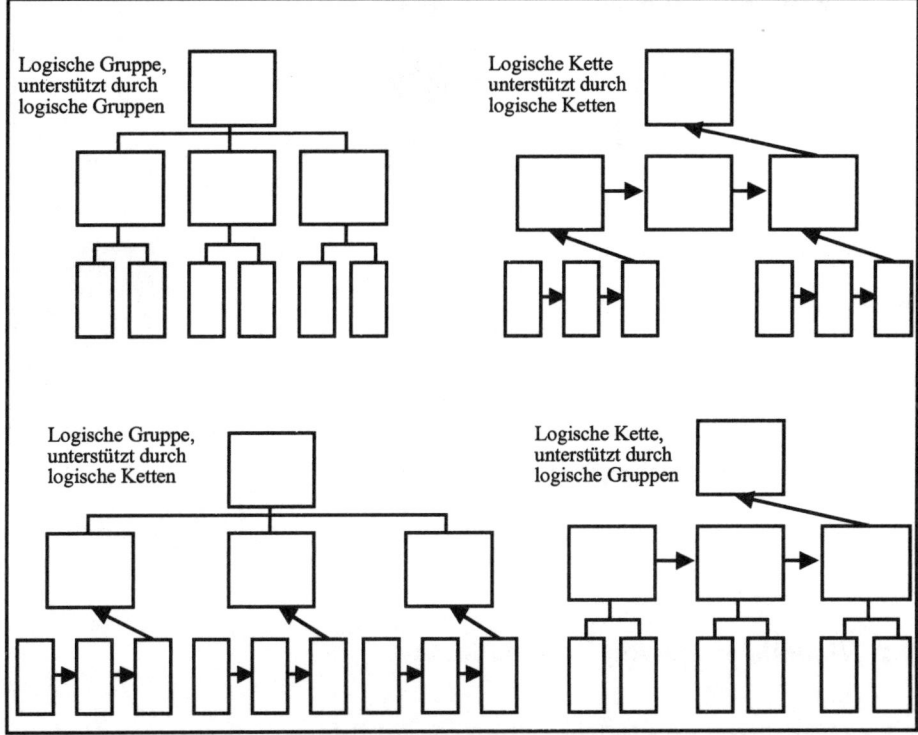

Abbildung 34:   Kombination von Strukturalternativen

Im übrigen gelten diese Strukturalternativen natürlich nicht nur für "gesprochene", sondern auch für "geschriebene Kommunikation". Ein Text, der eine zweckmäßige Gliederung besitzt, spiegelt die Hierarchie von Aussagen im Geschriebenen wider. Abbildung 35 zeigt ein Beispiel, wie der Hauptteil einer Kommunikati-

103

on in eine Gliederung umgesetzt werden kann. Dieser Hauptteil muss natürlich durch einleitende und schlussfolgernde Bemerkungen ergänzt werden.

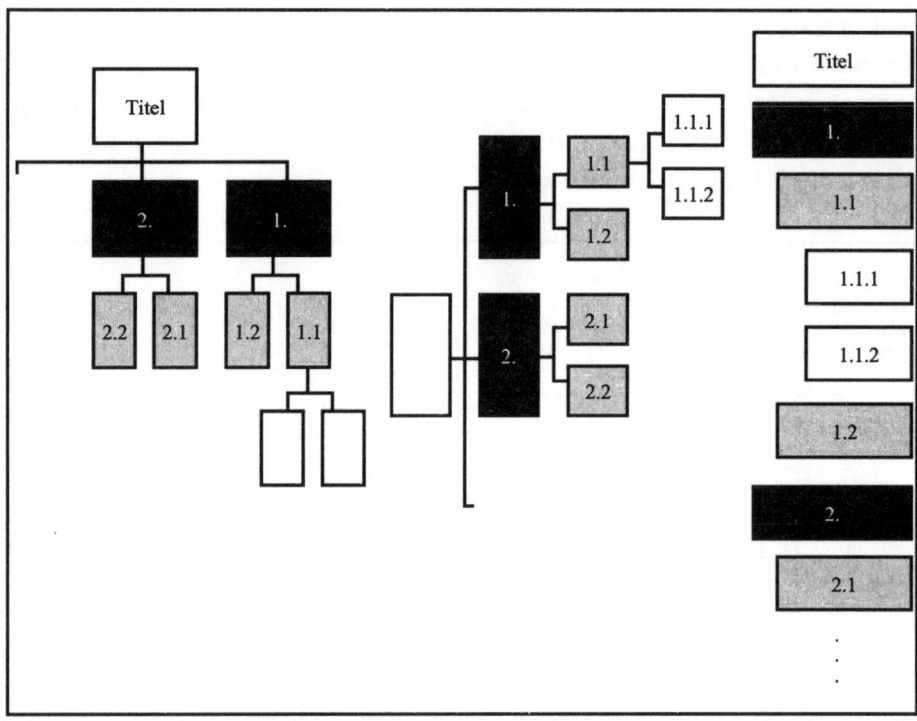

Abbildung 35:   Umsetzung von Kommunikationsstrukturen in Gliederungen

5.3   Visualisierung von Informationen

5.3.1 Gestaltung von Präsentationsschaubildern

"Ein Bild sagt mehr als 1000 Worte". Diese alte Erkenntnis unterstreicht, welche Bedeutung Bilder für uns im täglichen Leben besitzen. Immer wieder erleben wir, wie wir Bilder abrufen, die wir vor Jahren in unserem Gedächtnis gespeichert haben. Und immer wieder beobachten wir, wie "Gedächtniskünstler" Unmengen von Informationen abrufen können, die sie über die Zuordnung zu Bildern gespeichert haben. Hintergrund dieser Erfahrungen ist, dass Bilder eine wichtige Stütze für menschliche Informationsverarbeitungsprozesse sind: Bildliche Informationen lassen sich besser, das heißt schneller und umfassender aufnehmen, verarbeiten und speichern als beispielsweise Texte, Zahlen oder rein akustisch vermittelte Informationen[1].

Gerade in der Unternehmenswelt bietet die Visualisierung von Informationen einen echten Zusatznutzen: sie hilft dabei, den Engpass in der menschlichen Informationsverarbeitung abzubauen, der in den letzten Jahren immer kritischer geworden ist. Denn einerseits konnten wir eine dramatischen Anstieg der verfügbaren Informationsmenge beobachten, und andererseits ist der Zeitraum kürzer geworden, der zur Verarbeitung dieser Informationen zur Verfügung steht. In vielen Fällen kommt es daher bei den Entscheidern zu einer Überflutung mit Informationen, die nicht mehr verarbeitet werden können und oft ein sachgerechtes Entscheiden eher behindern als unterstützen. Die Aufbereitung von Informationen durch ihre Visualisierung und die intelligente Kommunikation dieser Informationen sind ein Schlüssel zur Lösung dieses Problems.

Das wichtigste **Hilfsmittel zur Visualisierung von Informationen sind Schaubilder**, die mündliche Präsentationen optisch unterstützen. Ein gutes Schaubild ist ein äußerst wirkungsvolles Kommunikationsinstrument, da es durch die visuelle Aufbereitung von Aussagen Aufmerksamkeit, Verständnis und Erinnerungsvermögen des Empfängers steigert. Gute Schaubilder zeichnen sich von schlechten durch die Beachtung einiger weniger **Grundregeln** aus, die im Folgenden näher beschrieben werden.

Zuerst ist es wichtig, die Schaubilder nicht mit zuviel und vor allem **nicht mit überflüssigen Informationen zu überladen**. In diesen Fällen geht nämlich oft die eigentliche Kernaussage des Schaubilds verloren. Es müssen nicht auf jedem Bild der Name der Firma, der Name des Präsentierenden, der Anlass der Präsentation und ähnliche Informationen auftauchen. Und auch Hintergrundmuster und -symbole - eine Weltkugel, eine Rakete, ein Gebäudebild oder ähnliches - stören nur. Jede Information, die nicht für die eigentliche Aussage eines Schaubilds notwen-

---

1   Vgl. Meyer, J.-A.: Visualisierung von Informationen, Wiesbaden 1999, S. 77 ff.

dig ist, führt nur zu einem: der Ablenkung des Informationsempfängers von den eigentlich wichtigen Aussagen.

So sollten die Basisinformationen der Präsentation, wie der/(die) Name(n) der Präsentierenden, die Firmen- bzw. Bereichsbezeichnung und der Titel bzw. Anlass der Präsentation nur auf dem ersten Schaubild und auf der Agenda erscheinen (Abbildung 36). Eine Auflistung dieser Basisinformationen auf allen weiteren Schaubildern führt nur zu einer unnötigen visuellen Belastung der Empfänger.

Strategie und Organisation

Instrumente und ihre Anwendung bei der Beispiel AG

Senior Executive Management Meeting
Beispiel AG

01. Januar 2001

Prof. Dr. Harald Hungenberg

Friedrich-Alexander-Universität Erlangen-Nürnberg
Lehrstuhl für Unternehmensführung

Abbildung 36:   Beispiel eines Eröffnungsschaubilds

Zu Beginn einer Präsentation ist auch die Darstellung des weiteren Vorgehens anhand einer Agenda unverzichtbar (Abbildung 37). Unter Nutzung der Agenda kann der Präsentierende einen Überblick darüber geben, was in der Präsentation angesprochen wird und an welcher Stelle einzelne Themen behandelt werden. Der Empfänger kann sich so ein umfassendes und schnelles Bild von der "Story" machen, die man ihm in den nächsten Minuten näher bringen möchten. Damit vermeidet man unter anderem, dass einzelne Sachverhalte während der Präsentation zum falschen Zeitpunkt, etwa durch Fragen, angesprochen werden. Man sollte sich bei der Agenda nur auf die wesentlichen Gliederungspunkte beschränken und den Empfänger nicht mit unwichtigen (und vor allem unzähligen) Unterpunkten belasten. Klarheit und Einfachheit sind auch bei der Gestaltung einer Agenda die wichtigsten Schlagworte.

Strategie und Organisation

Gliederung

1. Markt- und Wettbewerbsstrategien: Strategisches Management auf der Geschäftsfeldebene

2. Unternehmensstrategien: Strategisches Management auf Konzernebene

3. Strategien bei der Beispiel AG

Prof. Dr. Harald Hungenberg

Friedrich-Alexander-Universität Erlangen-Nürnberg
Lehrstuhl für Unternehmensführung

Abbildung 37:   Beispiel einer Präsentationsagenda

Ein anderes Thema von grundsätzlicher Bedeutung ist die Verwendung von **Farben in Schaubildern**. Hier kann nur empfohlen werden, Farben äußerst sparsam und gezielt einzusetzen. Farben sollen inhaltliche Aspekte hervorheben - und nicht das Bild bunt machen. Insofern empfiehlt es sich, in der Regel nur eine, maximal zwei unterschiedliche Farben zu verwenden. Diese sollten so hell sein, dass vor ihrem Hintergrund Schrift noch lesbar ist. Bei Schwarz-Weiß-Bildern sollten dementsprechend abgestufte Grautöne verwendet werden.

Alle Schaubilder, die in einer Präsentation verwendet werden, sollten klar und einfach aufgebaut sein und **einheitliches Format** und einen **einheitlichen Aufbau** besitzen. Auch dies dient dazu, dem Informationsempfänger die Aufnahme der Informationen zu erleichtern. Er muss sich nicht bei jedem Bild auf die Darstellungsweise einstellen und versteht schneller, wie er ein Bild betrachten muss, um sich die darin enthaltenen Informationen zu erschließen.

Als Format für Schaubilder, die in Präsentationen eingesetzt werden, empfiehlt sich grundsätzlich das Querformat. Schaubilder im Querformat gestatten es, die vielfältigen textlichen und grafischen Elemente, die ein Schaubild ausmachen, so anzuordnen, dass es der natürlichen Leseweise (von links oben nach rechts unten) entspricht. Außerdem - ein ganz praktischer Vorteil - nutzen Schaubilder im Querformat die in den Räumen vorhandenen Projektionsflächen besser aus, die ja zumeist durch die Raumhöhe in der vertikalen Ausdehnung eingeschränkt sind. Die Leserichtung soll aber auch beim Aufbau des Schaubildes berücksichtigt werden - das heißt, das Bild soll von links nach rechts entwickelt und Schlussfolgerungen, Ergebnisse und Kernaussagen sollen in der rechten Hälfte eines Schaubildes stehen.

Zum besseren Verständnis trägt bei, wenn dem Informationsempfänger die **Kernaussage** und der **Inhalt des Schaubildes gesondert verdeutlicht** werden. Zu diesem Zweck empfiehlt es sich, das, was dargestellt wird (z.B. "Externe Umwelt eines Unternehmens"), und das, was ausgesagt werden soll (z.B. "Unternehmen bestehen in ihrer Umwelt, wenn sie Kundenbedürfnisse besser als die Konkurrenz erfüllen"), in Form von Kopfzeilen schriftlich auf dem Schaubild wiederzugeben. Man spricht in diesem Fall auch von einem sogenannten "**Action-Title**" (Hauptaussage des Schaubilds) bzw. "**Sub-Title**" (im Schaubild dargestellter Inhalt). Der Empfänger hat so die Möglichkeit, ohne großen Aufwand den Inhalt des Schaubilds zu erfassen, und er wird auf den Zweck des Schaubilds - seine Hauptaussage eben - vorbereitet. Zudem gibt es für den Vortragenden den Vorteil, dass auch er sich mit nur einem kurzen Blick erneut die Kernaussage des Schaubildes ins Gedächtnis rufen kann. Die Summe aller Action-Title einer Präsentation ergeben den eigentlichen roten Faden, an dem sich sowohl Empfänger als auch Sender immer wieder orientieren können. Allerdings sollte darauf geachet werden, dass die beiden Titel wirklich nach diesem Muster genutzt werden und nicht - wie man das häufig findet - im Action-Title zwischen Aussage und Inhalt gewechselt oder Action- und Sub-Title mit zwei unterschiedlichen Aussagen belegt werden (Abbildung 38).

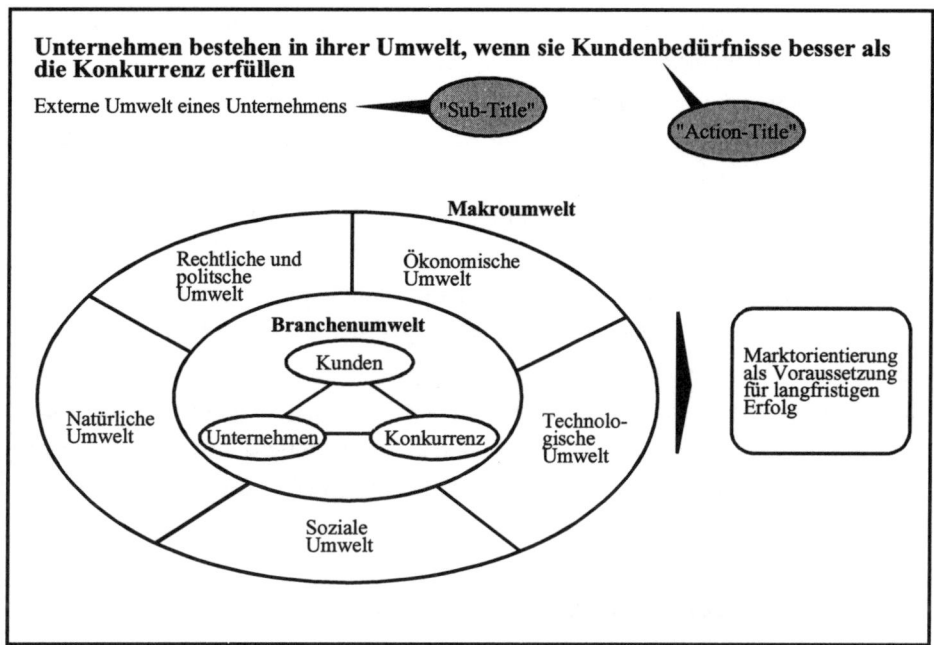

Abbildung 38: Einsatz von "Action- und Sub-Title"

Der eigentliche Kernbereich eines Schaubilds sollte dann genutzt werden, um Informationen zu visualisieren - das heißt, Aussagen mit grafischen Elementen zu verdeutlichen. So kann beispielsweise eine Argumentationskette als Abfolge von Pfeilen visualisiert werden, oder Interdependenzen lassen sich durch ineinander greifende Flächen verdeutlichen (Abbildung 39 und 40).

Eine gute Visualisierung von Informationen verlangt nicht nur eine grafische Unterstützung der Aussagen, sondern erfordert auch Disziplin beim Formulieren der schriftlichen Aussagen, die auf dem Schaubild festgehalten werden sollen. Reine Textfolien in Form so genannter "Dash-and-Dot-Strukturen" sollten vermieden werden - sie sind für den Empfänger meist nur schwer zu erfassen. Und vor allem sollte zu viel **Text auf den Schaubildern** vermieden werden. Eine umfangreiche Textdarstellung ist für den Empfänger sowohl vom Umfang als auch von den Inhalten her nur schwer zu fassen. Empfänger sind zudem oft so mit dem Lesen beschäftigt, dass sie den mündlichen Aussagen des Referenten nicht mehr folgen können. Statt dessen sollte mit Schlagworten beziehungsweise kurzen Aussagen gearbeitet werden, und die weiteren Inhalte sollten verbal ("auf der Tonspur") vermittelt werden. Der Empfänger kann sich ein Schlagwort oder eine kurze Aussage wesentlich besser merken, als die Aneinanderreihung von mehreren Sätzen, aus denen er sich die eigentliche Kernaussage erst selber ableiten muss. Zum Stichwort "Lesen" noch eine Bemerkung, die sich (hoffentlich) von selber versteht: Auch wenn man nur mit kurzen Aussagen und Schlagworten arbeitet, müssen diese selbst für die Empfänger in den hinteren Reihen gut lesbar sein. In normalen Sitzungsräumen sollten deshalb keine **Schriftgrößen** unter 14 pt. verwendet werden; Action-Title sollen entsprechend größer (z.B. 18 pt.) sein. In größeren Räumen sind die Schriften entsprechend zu vergrößern. Von einer kleineren Darstellung ist aus Gründen der Lesbarkeit in jedem Fall abzuraten. Außerdem geht von der größeren Schrift ein heilsamer Zwang zur Beschränkung der Textfülle aus[1].

5.3.2 Visualisierung quantitativer Informationen

Eine besondere Herausforderung besitzt in diesem Zusammenhang die Gestaltung von Schaubildern, mit denen vornehmlich quantitative Informationen vermittelt werden sollen. Solche Informationen - also z.B. Ergebnis-, Umsatz- oder Kostenziele - stehen bei Präsentationen in Unternehmen ja häufig im Mittelpunkt des Interesses. Dabei interessieren nicht die Zahlen selber, sondern die "Botschaften", die aus diesen gewonnen werden können. Es gibt eine einfache, aber schlüssige Vorgehensweise, um **Aussagen auf quantitativer Basis** wirkungsvoll zu kommunizieren,

Meist handelt es sich bei Aussagen um Vergleiche - beispielsweise Vergleiche, die Veränderungen aufzeigen (zum Beispiel gegenüber dem letzten Jahr gestiegene oder gesunkene Kosten) oder Unterschiede erkennen lassen (zum Beispiel höhere

---

1   Vgl. weitere praktische Hinweise bei Zelazny, G.: Das Präsentationsbuch, Frankfurt 2001.

oder niedrigere Umsätze als bei der Konkurrenz). Die Aufbereitung eines Schaubildes hängt in erster Linie davon ab, welche **Art von Aussage** beziehungsweise welche **Art von Vergleich** gemacht werden soll. Deshalb gilt: um Zahlen in wirkungsvolle Schaubilder umzuwandeln, sollten für unterschiedliche Formen des Vergleichs (und damit für unterschiedliche Aussagen) auch unterschiedliche **Diagrammformen** genutzt werden (Abbildung 41).

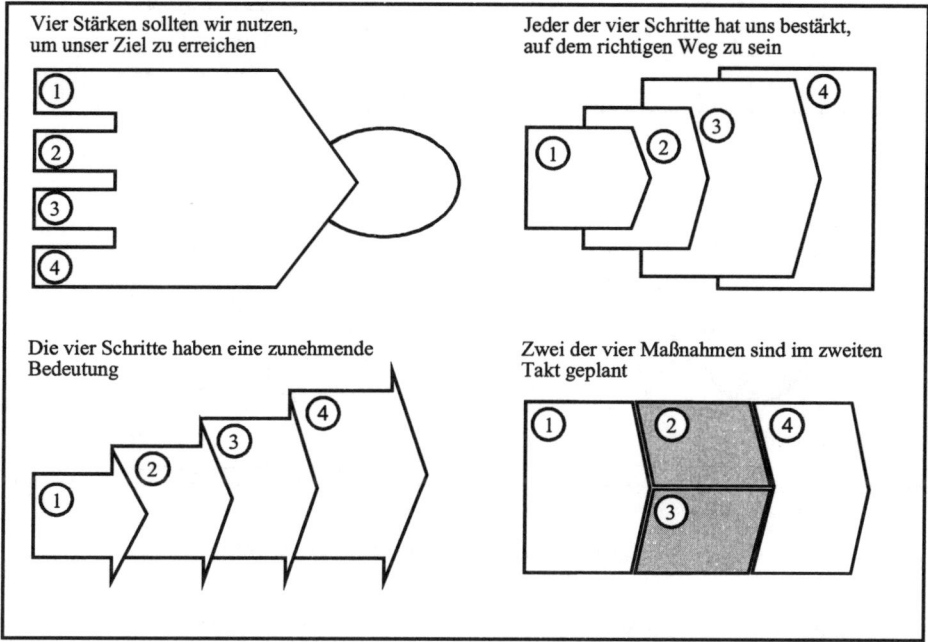

Abbildung 39:   Beispiele für den Einsatz von grafischen Mitteln

Mit der Bestimmung der Form des Vergleichs wird die Brücke geschlagen von der gewünschten Aussage hin zu dem Schaubild, mit dem diese vermittelt werden soll. Es können fünf **Formen des Vergleichs** unterschieden werden, die unterschiedliche Arten von Aussagen widerspiegeln (Abbildung 42):

- **Struktur-Vergleiche:** In einem Struktur-Vergleich kommt es darauf an zu zeigen, welchen Anteil an einer Grundgesamtheit (zum Beispiel dem Gesamtmarkt) einzelne Komponenten (zum Beispiel einzelne Kundensegmente)

haben. Aussagen, die Wörter wie "Anteil", "Prozentsatz" oder "x Prozent ent-
fielen auf" enthalten, stellen Struktur-Vergleiche dar.

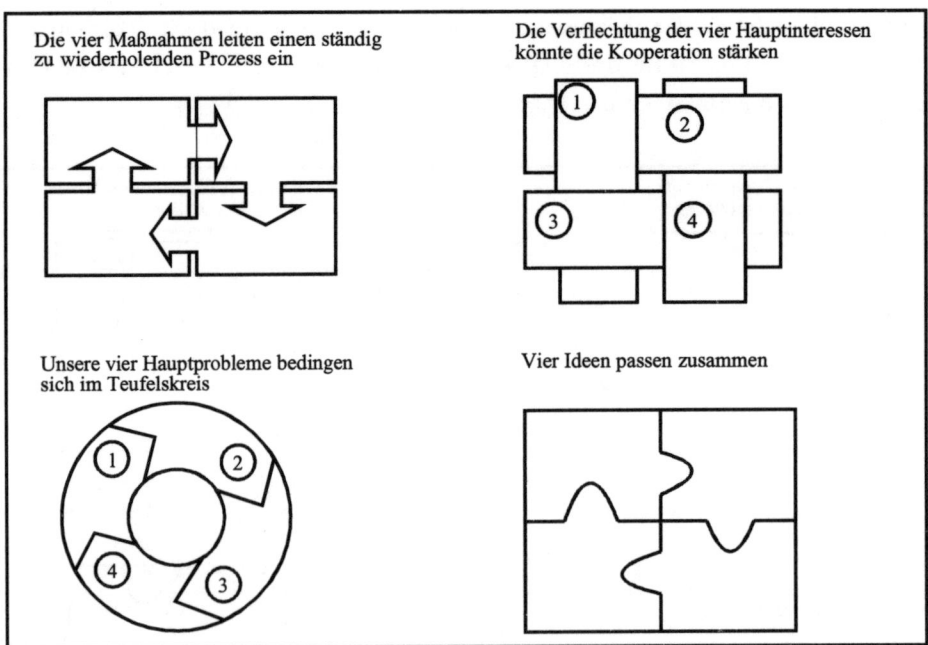

Die vier Maßnahmen leiten einen ständig
zu wiederholenden Prozess ein

Die Verflechtung der vier Hauptinteressen
könnte die Kooperation stärken

Unsere vier Hauptprobleme bedingen
sich im Teufelskreis

Vier Ideen passen zusammen

Abbildung 40: Beispiele für den Einsatz von grafischen Mitteln

- **Rangfolge-Vergleiche:** In einem Rangfolge-Vergleich werden einzelne Objekte bewertend gegenübergestellt. Ausdrücke wie "größer als", "kleiner als"
  oder "genausoviel wie" lassen den Rangfolge-Vergleich erkennen.

- **Zeitreihen-Vergleiche:** Eine Zeitreihe ist die wohl häufigste Form des Vergleichs. Hier wird die Veränderung einer Größe über die Zeit dargestellt.
  Worte wie "Steigerung", "Rückgang", "wachsen" oder "schrumpfen" kenn-
  zeichnen diese Vergleichsform.

- **Häufigkeits-Vergleiche:** Dieser Vergleich gibt an, wie häufig ein bestimmtes
  Objekt (zum Beispiel Kundenaufträge in Euro) in verschiedenen, aufeinander
  folgenden Größenklassen (zum Beispiel sortiert nach der Auftragshöhe) auf-

tritt. Aussagen, die Worte wie "Häufigkeit" oder "Verteilung" beinhalten, deuten auf einen Häufigkeits-Vergleich hin.

- **Korrelations-Vergleiche:** Ein Korrelations-Vergleich zeigt Zusammenhänge zwischen zwei Variablen auf. Er wird zum Beispiel durch Ausdrücke wie "verändert sich parallel zu" oder "fällt nicht mit" angezeigt.

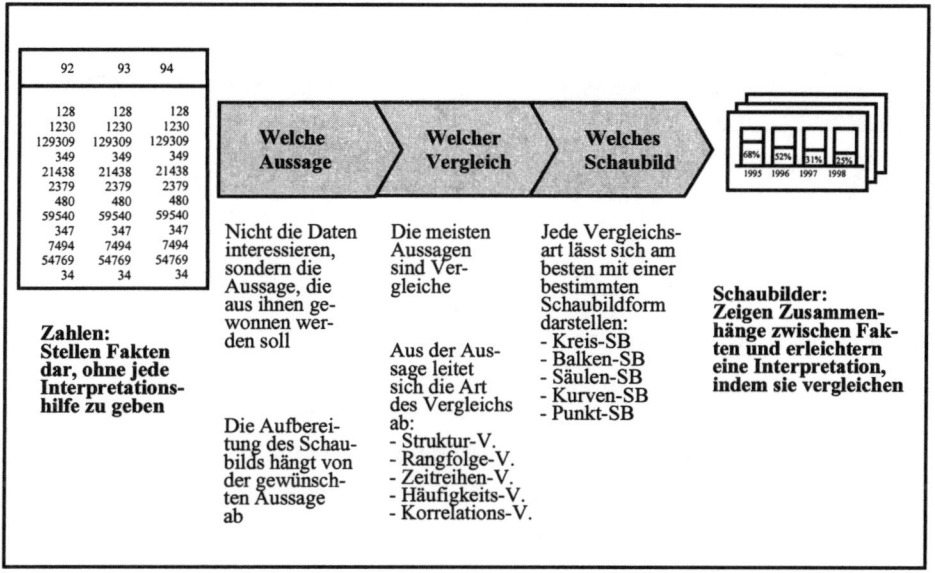

Abbildung 41:   Überlick: wie aus Zahlen Schaubilder werden[1]

Die Art des Vergleichs bestimmt, welche Diagrammform geeignet ist, um den angestrebten Vergleich und die darin enthaltene Aussage zu verdeutlichen. Fünf **Grundformen des Diagramms** stehen zur Verfügung, um die unterschiedlichen Vergleichsformen zu visualisieren. Abbildung 43 zeigt, welche der Grundformen - Kreisdiagramm, Balkendiagramm, Säulendiagramm, Kurvendiagramm oder Punktdiagramm - für die einzelnen Vergleichsformen prinzipiell geeignet ist.

---

1   Vgl. Zelazny, G.: Wie aus Zahlen Bilder werden, 5. Aufl., Wiesbaden 1999, S. 31ff.

	Zweck	Hinweise
Struktur-Vergleich	Zeigt den Anteil einzelner Komponenten an einer Gesamtheit	Anteil, Prozentsatz, x Prozent entfielen auf, ...
Rangfolge-Vergleich	Stellt Objekte bewertend gegenüber	Größer als, kleiner als, gleich, ...
Zeitreihen-Vergleich	Zeigt Veränderungen über die Zeit	Verändern, wachsen, steigen, zunehmen, fallen, schwanken, ...
Häufigkeits-Vergleich	Zeigt, wie häufig ein Objekt in verschiedenen Größenklassen auftritt	Die meisten, Verteilung nach, Konzentration bei, ...
Korrelations-Vergleich	Zeigt, ob eine Beziehung zwischen zwei Variablen besteht	Relativ zu, steigt mit, fällt mit, verändert sich parallel zu, ...

Abbildung 42:   Von der Aussage zum Vergleich

Die Abbildungen 44 und 45 zeigen Beispiele auf, wie man von einer Aussage (z.B. "Für die nächsten 10 Jahre wird ein Umsatzanstieg erwartet"), die einen Vergleich darstellt (hier einen Zeitreihenvergleich) zu einem geeigneten Schaubildformat (hier einem Kurvendiagramm) kommt.

5.3.3 Präsentation mit bewegten Bildern

Bewegte Bilder können entweder als Animationen oder als Filmeinspielungen in die Präsentation mit eingearbeitet werden. **Animationen** sind zwar sehr beliebt – sie sollten aber grundsätzlich mit Vorsicht eingesetzt werden. Einfliegende Textbausteine, Pfeile oder ähnliches treffen zumeist nur in der Werbebranche auf Begeisterung. In allen anderen Fällen entsteht schnell der Eindruck, dass der Vortragende mit den Spielereien von den eigentlichen Inhalten ablenken möchte. Wer sich in seiner Darstellung auf die Inhalte und Kernaussagen konzentriert, spart sich selber die Arbeit und dem Empfänger die Anschauung von fliegenden Textbausteinen.

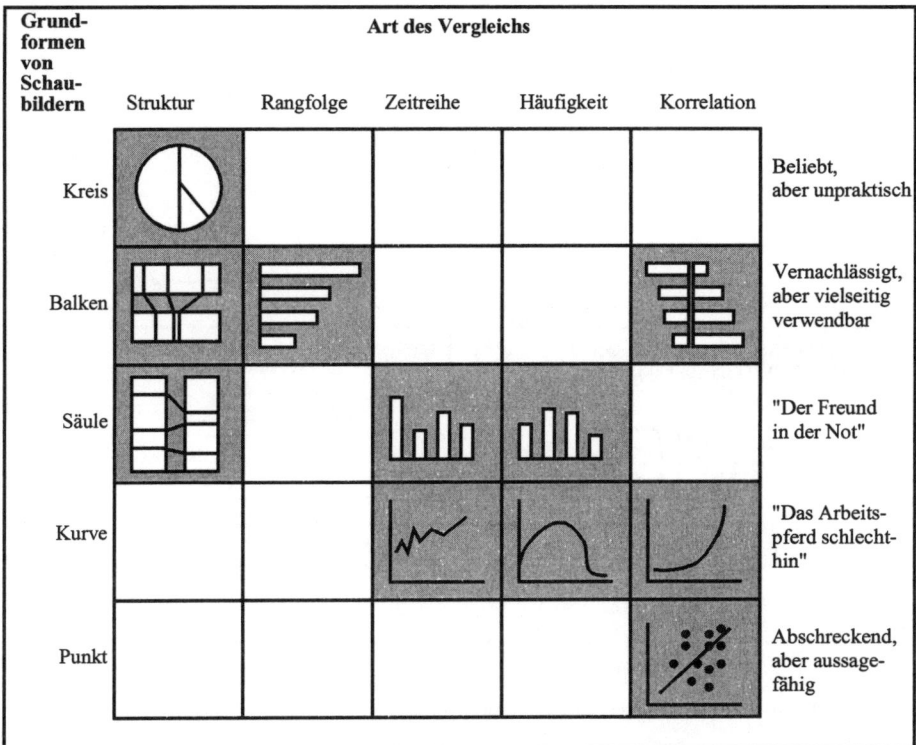

Abbildung 43:   Vergleichs- und Diagrammformen[1]

Ein sinnvoller Einsatz von Animationen ist allerdings bei der Darstellung von zeitabhängigen Daten in Grafiken möglich. Der Standpunkt des Betrachters bleibt dabei derselbe, aber die bildliche Darstellung der Werte verändert sich mit der Zeit. Werden die Daten zum Beispiel in einem Säulen- oder Balkendiagramm dargestellt, verändern sich während der Animation die Höhe der Säulen bzw. die Breite der Balken. Eine andere Möglichkeit bietet sich bei der Darstellung eines Portfolios, bei denen sich die dargestellten strategischen Geschäftseinheiten dem Lebenszyklus der entsprechenden Produkte gemäß in ihrer Lage verändern. Aber: Vergleiche zur jeweils vorhergehenden Situation sollten stets möglich sein.

---

1   Vgl. Zelazny, G.: Wie aus Zahlen Bilder werden, 5. Aufl., Wiesbaden 1999, S. 37.

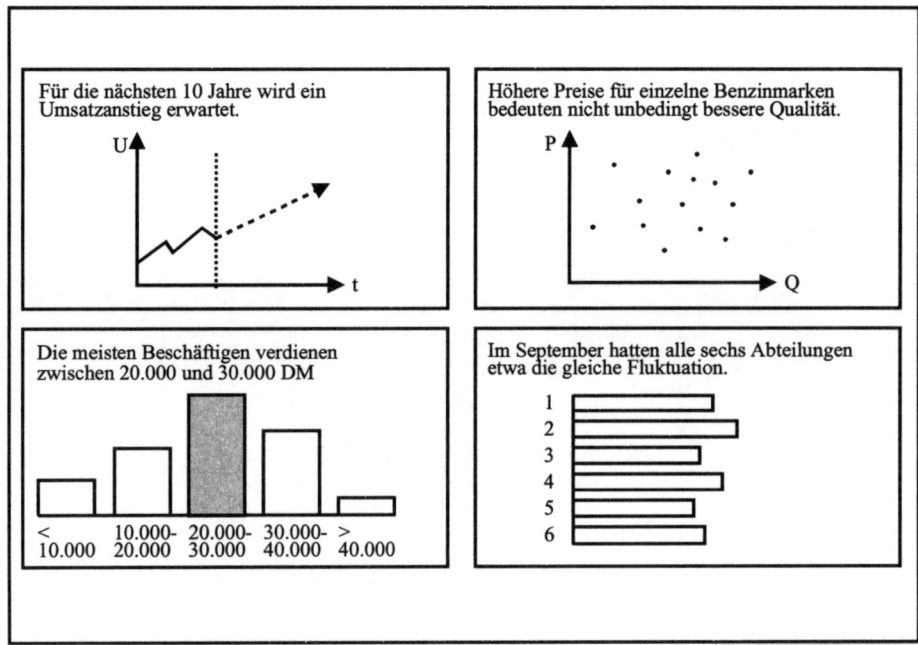

Abbildung 44:   Vom Vergleich zum Schaubild

Auch für die Darstellung von Simulationen eignet sich der Einsatz von Animationen, so können beispielsweise Engpässe bei Transportsystemen hervorgehoben
werden. Die Einbindung von **Filmbeiträgen** ist insbesondere bei Unternehmens-
präsentation oder ähnlichen Anlässen ein durchaus hilfreiches und informatives
Mittel. Im alltäglichen "Präsentationsleben" ist dieser Einsatz kaum möglich und
meist nicht notwendig.

5.4 Durchführung von Präsentationen

Nach zumeist monatelangen Vorbereitungen, Recherchen und Problemlösungen
rückt der Moment der Präsentation immer näher. Die Problemlöser haben meist
nur einen einzigen Versuch, um ihre Zuhörer zu informieren, zu überzeugen oder
zumindest ihr Interesse zu wecken. Auch hier beginnt deshalb die eigentliche
Durchführung mit der Vorbereitung der Präsentation.

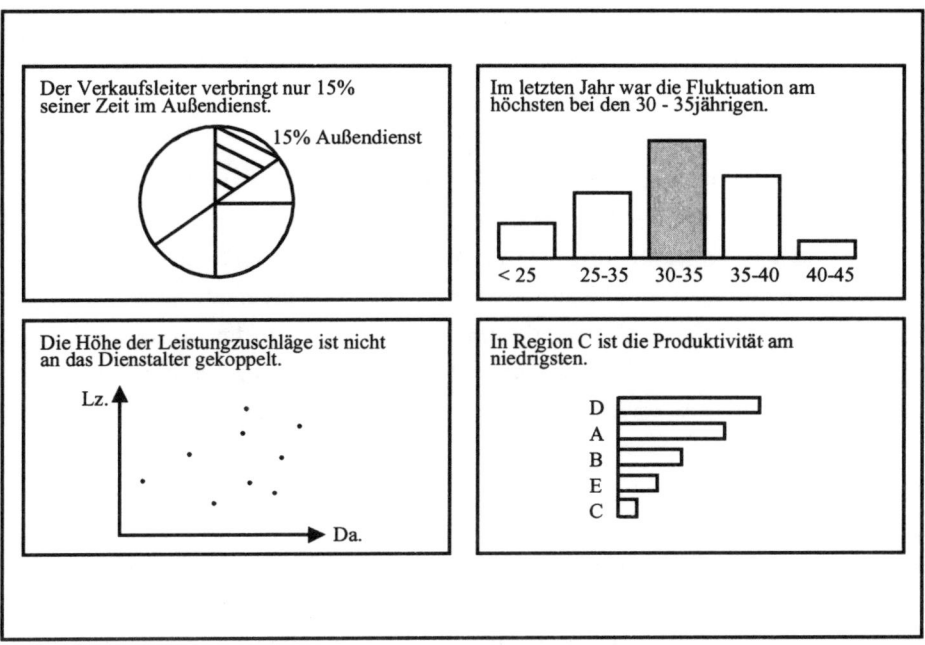

Abbildung 45:   Vom Vergleich zum Schaubild

- **Vorbereitung der Präsentation**

Zunächst ist zu klären, was die Problemlöser eigentlich mit der Präsentation bezwecken. Wollen sie ihre Zuhörer überzeugen oder nur informieren? Sollen Alternativen diskutiert oder soll Handlungsdruck aufgebaut werden? Dies ist eine wichtige Rahmenbedingungen, die vorab geklärt werden sollte, da sich die Präsentation natürlich an dem jeweiligen Ziel orientieren muss. In einer vorbereiteten **Zieldefinition** sollte deswegen festgehalten werden, was am Ende der Präsentation für den Empfänger erreicht und von dem Empfänger erwartet wird.

In ähnlicher Weise sollte sich der Präsentierende auf die ihm gegenüber sitzenden Personen einstellen und sein Auftreten auf die jeweilige **Zielgruppe** abstellen. Sicherlich wird man vor einer Gruppe von Studenten anders auftreten und präsentieren, als man dies vor dem Vorstand eines Unternehmens tun würde. Zusätzlich ist es im Rahmen einer Publikumsanalyse wichtig einzuschätzen, mit welchen Reaktionen die Zuhörer auf die Präsentation reagieren werden. Vor diesem Hintergrund kann auch die gewählte Kommunikationsstruktur (logische Gruppe oder logische Kette) nochmals hinterfragt werden.

Schließlich ist zu fragen, wieviel **Zeit** für die Präsentation zur Verfügung steht. Grundsätzlich gilt: "In der Kürze liegt die Würze". Was man den Zuhörern in 30 Minuten oder einer Stunde nicht vermitteln können, wird auch nicht in zwei oder drei Stunden gelingen. Jeder Zuhörer verfügt über eine begrenzte Bereitschaft zur Aufmerksamkeit, die nicht über Gebühr beansprucht werden sollte. Deswegen sollte man die Vortragszeit so eng wie möglich begrenzen und in der Regel mehr Zeit für die Diskussion als für die eigene Präsentation einplanen.

• **Einsatz von Medien**

Die nächste Frage, die sich im Rahmen der Vorbereitung aufwirft, aber auch bereits bei der Schaubilderstellung berücksichtigt werden sollte, ist, welches Medium für die geplante Präsentation genutzt werden soll. Eine kopierte und verteilte Schaubild-Sammlung ("Lap Visual Presentation"), Overhead-Projektor sowie Beamer sind die drei am häufigsten genutzten Präsentationsmedien (Abbildung 46).

Das jeweilige Ziel sowie die Anzahl der Präsentationsteilnehmer sind die beiden entscheidenden Kriterien, anhand derer das Medium für eine Präsentation ausgewählt werden sollte. So ist eine Präsentation mit Hilfe einer **Schaubild-Samm-lung**, die jedem Teilnehmer ausgeteilt wird und durch die der Präsentierende verbal führt, nur für kleine Teilnehmergruppen geeignet. Da die Möglichkeiten, die Präsentation zu steuern, relativ beschränkt sind, ist dieses Präsentationsmedium nur dann sinnvoll, wenn Diskussionen des vorgestellten Sachverhaltes gewünscht sind und gefördert werden sollen. Die **Overhead-Präsentation**, das "Arbeitspferd" schlechthin unter den betrieblichen Präsentationsmedien, kann für unterschiedliche Ziele und Gruppengrößen verwendet werden. Gleiches gilt für die **Beamer-Präsentation**. Sie weist gegenüber dem Overhead den Vorteil auf, dass sie verschiedene Medien sinnvoll integrieren kann. Auch ist der Beamer die Voraussetzung für den Einsatz von bewegten Bildern. Nachteilig ist jedoch, dass bei Nutzung eines Beamers eine Schaubildsammlung nur in der vorher geplanten Form und Reihenfolge präsentiert werden kann, mindestens aber jede Abweichung von dieser Reihenfolge für die Informationsempfänger deutlich sichtbar ist. Dies ist bei einer Präsentation mittels Overhead anders, weil hier ein Abweichen von der vorgeplanten Story - sei es durch Auslassen nicht mehr interessierender Sachverhalte oder das Vertiefen mit entsprechendem Hintergrundmaterial - für den Präsentationsempfänger nicht sichtbar wird. Insofern sollte die Entscheidung zwischen Overhead und Beamer abhängig von der geforderten Flexibilität fallen.

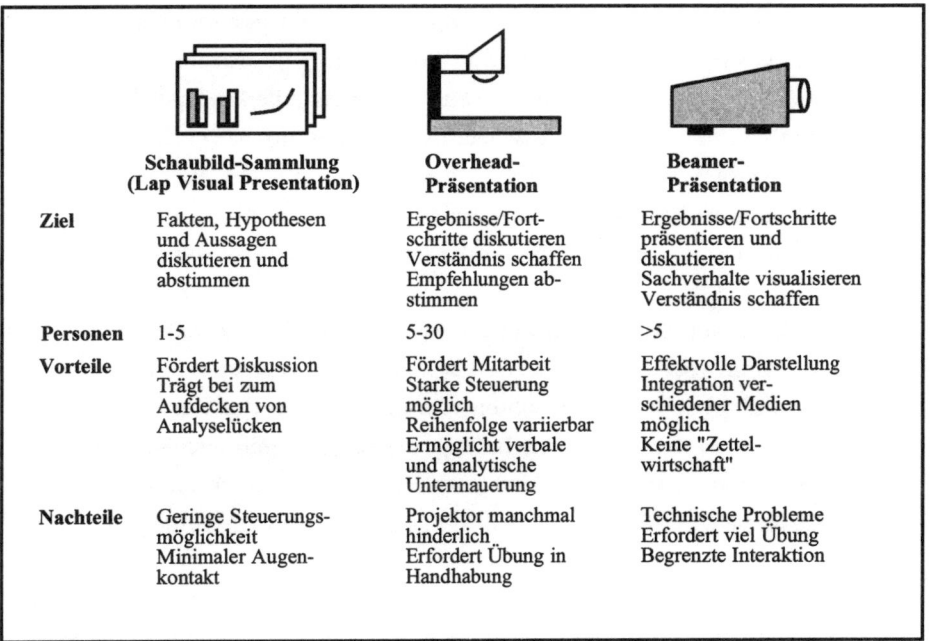

	Schaubild-Sammlung (Lap Visual Presentation)	Overhead- Präsentation	Beamer- Präsentation
Ziel	Fakten, Hypothesen und Aussagen diskutieren und abstimmen	Ergebnisse/Fortschritte diskutieren Verständnis schaffen Empfehlungen abstimmen	Ergebnisse/Fortschritte präsentieren und diskutieren Sachverhalte visualisieren Verständnis schaffen
Personen	1-5	5-30	>5
Vorteile	Fördert Diskussion Trägt bei zum Aufdecken von Analyselücken	Fördert Mitarbeit Starke Steuerung möglich Reihenfolge variierbar Ermöglicht verbale und analytische Untermauerung	Effektvolle Darstellung Integration verschiedener Medien möglich Keine "Zettelwirtschaft"
Nachteile	Geringe Steuerungsmöglichkeit Minimaler Augenkontakt	Projektor manchmal hinderlich Erfordert Übung in Handhabung	Technische Probleme Erfordert viel Übung Begrenzte Interaktion

Abbildung 46: Präsentationsmedien

• **Persönliches Auftreten des Präsentierenden**

Ist die Präsentation fertig - die Inhalte sind strukturiert, die Schaubilder erstellt und die Medien vorbereitet - kommt das eigentlich Spannende: das Präsentieren. Eine Präsentation ist eine zutiefst personenbezogene Angelegenheit, deren Erfolg in hohem Maße von der Person des Präsentierenden und dessen Präsentationsfähigkeiten abhängt (- manchmal sogar stärker als vom Inhalt der Präsentation).

Wirkungsvoll zu präsentieren, ist keine Kunst - es ist in erster Linie eine Technik, die wie andere Problemlösungstechniken auch erlernt werden kann. Meines Erachtens ist wirkungsvolles Präsentieren durch drei Teilaspekte gekennzeichnet: durch das persönliche Auftreten des Präsentierenden, durch den Umgang mit den Hilfsmitteln der Präsentation sowie durch die Interaktion des Präsentierenden mit den Präsentationsteilnehmern.

Wer wirkungsvoll präsentieren möchte, muss durch sein **persönliches Auftreten** wirken: personenbezogene Attribute wie "kompetent", "professionell" oder "souverän" werden oft benutzt, um Vorträge zu beschreiben, die Eindruck hinterlassen haben. Eine Person kann solche Einschätzungen durch ihre Körperhaltung, durch die Art und Weise, wie sie den Kontakt zum Publikum sucht, aber natürlich vor allem durch Stimme, Betonung und Gestik erzielen. Sie vermittelt auf diesem Weg letztlich Sicherheit und Überzeugung - oder Unsicherheit und Zweifel.

Wirkungsvoll zu kommunizieren heißt aber auch, die Inhalte mit wirkungsvoll gewählten Worten vorzutragen. Sätze sollten variabel konstruiert sowie kurz und aktivisch formuliert sein. Verben sollten vorrangig verwendet werden, Adjektive sind wegen ihrer wertenden Eigenschaften vorsichtig zu gebrauchen. Die Bedeutung von Begriffen ist vor deren Verwendung zu klären; auch bietet es sich an, Beispiele zu geben, Analogien aufzustellen, persönliche Erfahrungen einzubringen[1].

Hilfsmittel, wie zum Beispiel Schaubilder, die im Rahmen einer Overhead-Präsentation vorgestellt werden, sind umso wirkungsvoller, je besser der Vortragende sie einsetzt. Zum **Umgang mit Hilfsmitteln** gehört natürlich, dass bestimmte Grundregeln über die Schaubildanzahl (je Zeiteinheit) oder über die Schriftgröße und Sichtbarkeit der Darstellungen eingehalten werden. So sind erfahrungsgemäß im Schnitt drei Minuten Vortragszeit je Schaubild angemessen; bei einem 45-Minuten-Vortrag wären also etwa 15 Schaubilder zu verwenden.

Zum Umgang mit Hilfsmitteln gehört aber auch, dass der Vortragende seine Zuhörer nicht "mit einem Schaubild allein läßt". Ein wirkungsvoller Referent führt

---

1   Vgl. Vogt, G.: Erfolgreiche Rhetorik, München 1998, S. 7 ff.

seine Zuhörer durch die präsentierten Schaubilder und hilft ihnen mit Worten und Gesten dabei, Aufbau und Aussage von Schaubildern zu verstehen und der Struktur ("der Story") des Vortrages zu folgen. Dabei empfiehlt es sich, dass der Referent, während er spricht, nicht in der Nähe des Projektionsmediums steht, sondern sich in der Nähe der Projektionsfläche aufhält. So können die Zuhörer sich gleichzeitig auf den Referenten und die dargestellten Schaubilder konzentrieren. Zeigestäbe und Laserpointer, die leider gerne verwendet werden, können dann vermieden werden - sie bieten eine wesentlich schwächere Führung der Informationsempfänger, als sie der Präsentierende mit seinem Körper selbst schaffen kann.

Für einen Problemlösungsprozess ist es typisch, dass **Präsentationen** in hohem Maße **interaktiv** sind, das heißt, dass die Präsentationsteilnehmer mit Fragen und Diskussionsbeiträgen in die Präsentation eingreifen. Mit diesen umgehen zu können, ist eine weitere zentrale Anforderung an einen wirkungsvollen Referenten. Dazu gehört, dass man sich auf mögliche Fragen und Widersprüche vorbereitet, dass man alle Fragen ernst nimmt und - man traut sich kaum, es hier ausdrücklich zu sagen -, dass man zuerst versucht zu verstehen, was gefragt worden ist, bevor man eine Antwort gibt. Und, was viele Vortragende vergessen: auch "Ich weiß nicht" kann eine zulässige Antwort sein, die den positiven Eindruck einer Präsentation nicht schmälern muss - wenn sie nicht bei jeder Frage gegeben wird.

5.4 Erfolgreiches Verhandeln

Das Vermitteln von Problemlösungen endet nicht mit ihrer Präsentation, denn es ist äußerst unwahrscheinlich, dass jeder Zuhörer mit dem vorgestellten Lösungsvorschlag sofort einverstanden ist. Im Gegenteil: Bei wohl jeder Problemlösung stehen den Befürwortern auch Opponenten der vorgeschlagenen Lösung gegenüber. Um die Problemlösung erfolgreich umzusetzen, sind auch diese zu gewinnen - zumindest aber davon zu überzeugen, ihren Widerstand aufzugeben. Diese Art von Übereinstimmung kann durch **Verhandlungen** erreicht werden.

Verhandlungen sind ein typischer Bestandteil des privaten und geschäftlichen Lebens. Kaufverhandlungen, Gehaltsverhandlungen, diplomatische Verhandlungen, aber auch die Verhandlung um die Akzeptanz einer Problemlösung sind nur einige Beispiele für die Vielfalt der Verhandlungsformen. Ihr gemeinsames **Merkmal** ist, dass es sich um eine (meist verbale) Auseinandersetzung von zwei (oder mehreren) Parteien handelt, die versuchen, mit Hilfe der Verhandlung ihre jeweiligen Ziele durchzusetzen. Dabei sind die Parteien insofern wechselseitig voneinander abhängig, als keine Partei ihre Ziele ohne die andere Partei durchsetzen kann. Beiden Parteien ist daher bewusst, dass Konzessionen notwendig sind, um die Verhandlung zu einem Ergebnis zu bringen.

Abhängig davon, ob neben dem Ergebnis der Verhandlung auch die persönliche Beziehung der beteiligten Parteien von Bedeutung ist, unterscheidet man zwei **Verhandlungsformen**:

- **Distributive Verhandlungen:** Eine solche Verhandlung ist dann gegeben, wenn es für keine der beiden Parteien entscheidend ist, eine (gute) Beziehung zur anderen Partei aufrechtzuerhalten. Dies ist zum Beispiel bei Kaufverhandlungen der Fall, wenn die Parteien nur einmalig oder selten miteinander in Beziehung treten. In diesem Fall geht es in der Verhandlung ausschließlich um das Verhandlungsergebnis (z.B. die eigene Preisvorstellung). Man verwendet hier den Begriff "distributiv", weil als Ergebnis der Verhandlung der Verhandlungsgegenstand aufgeteilt wird. Jede Partei versucht, ihre Interessen so gut wie möglich durchzusetzen - was immer nur auf Kosten der anderen Partei möglich ist.

- **Integrative Verhandlungen:** Ist es für beide Verhandlungsparteien wichtig, eine positive Beziehung zur anderen Partei zu erhalten, so kann sich keiner der Beteiligten auf Kosten des jeweils anderen durchsetzen. Dies ist beispielsweise bei Verhandlungen (z.B. Abstimmungen) innerhalb eines Unternehmens die Regel. Die Interessen beider Parteien müssen dann in der Verhandlung angemessen berücksichtigt werden - es gilt, die Interessen zu "integrieren" und eine so genannte "Win-Win-Situation" herzustellen.

Bei der Vermittlung der Ergebnisse eines Problemlösungsprozesses handelt es sich nach diesen Merkmalen im Allgemeinen um eine integrative Verhandlung. Ein Problemlösungsteam möchte natürlich seine Lösungsvorschläge durchsetzen, kann dies aber nicht tun, ohne die Interessen der möglicherweise betroffenen Unternehmenseinheiten zu berücksichtigen, da diese die Ergebnisse ansonsten nicht mittragen würden. Insofern muss die Verhandlung darauf ausgerichtet sein, die sachlichen Projektergebnisse zu verwirklichen, aber zugleich die Beziehung zur anderen Verhandlungspartei zu pflegen. Eine wirkungsvolle Verhandlungsführung, die genau darauf abzielt, ist die so genannte "Harvard Methode" der Verhandlung, auf die im Folgenden näher eingegangen wird. Ihr Grundgedanke - "hart in der Sache, aber weich gegenüber den Menschen" - bietet gute Voraussetzungen, in Verhandlungen zu einem für beide Parteien akzeptablen Ergebnis zu kommen. Dabei sind in der Verhandlung vier Grundvoraussetzungen zu erfüllen[1]:

- Beteiligte Personen von den Problemen trennen;
- Konzentration auf Interessen statt auf Positionen;
- Optionen entwickeln mit Vorteilen für beide Seiten;
- Neutrale Beurteilungskriterien zur Ergebnisbewertung entwickeln.

- **Beteiligte Personen von den Problemen trennen.**

Persönliche Beziehungen zwischen den Parteien werden häufig mit den Sachproblemen vermischt. Eine sachliche Feststellung wird dann nicht als solche aufgefasst, sondern als Vorwurf oder als Beleidigung durch die Gegenpartei. Eine **Trennung der Sach- und der Beziehungsebene** ist daher erforderlich, um auch bei einer zielgerichteten Verhandlungsführung die persönliche Beziehung zwischen den Verhandlungspartnern nicht zu belasten.

Es ist sinnvoll, sich deshalb zunächst in die **Situation des Gegenübers einzufühlen.** Was sind die sachlichen Ziele des Verhandlungspartners, was seine Restriktionen? Darüber hinaus ist zu fragen, wo persönliche Betroffenheiten liegen, die man kennen sollte. Gibt es Ängste oder Hoffnungen, die von der verhandelten Problemlösung beeinflusst werden?

---

1   Vgl. Fisher, R., Ury, W., Patton, B.: Das Harvard-Konzept, 20. Aufl., Frankfurt 2001, S. 1 ff.

Aber auch bei der Durchführung der Verhandlung ist darauf zu achten, ob in der Diskussion auftretende Probleme sachlich oder persönlich begründet sind. So treten in einem Verhandlungsprozess oft Konflikte zu Tage, die auf persönlichen **Emotionen** beruhen, denen sich der Einzelne nicht entziehen kann. Es ist sinnvoll, sich die ausgesprochenen Emotionen des Verhandlungspartners neutral anzuhören und auch eigene Emotionen zu artikulieren. Hat man erst einmal "Dampf abgelassen", fällt es oft leichter sich wieder auf die sachliche Ebene zu konzentrieren.

Überhaupt ist **Kommunikation** ein Schlüssel zum Verhandlungserfolg. Je klarer diese ist, desto eher können Sach- und Beziehungsebene in der Diskussion getrennt werden - ein Widerspruch muss dann nicht immer "persönlich genommen" werden. Leider beobachtet man aber oft, dass Verhandlungspartner nicht zweckmäßig kommunizieren, weil sie nicht offen aussprechen, was sie denken, und weil nicht aufmerksam zugehört wird und dadurch Missverständnisse entstehen.

- **Konzentration auf Interessen statt auf Positionen.**

Das Hauptproblem, weshalb Verhandlungen oftmals nicht erfolgreich verlaufen, liegt darin, dass sich beide Parteien nur auf ihre jeweiligen Positionen konzentrieren, jedoch nicht die dahinter liegenden Interessen erfragen. Eine Position ist etwas, zu dem sich eine Person bewusst entschieden hat. Interessen hingegen motivieren Menschen und stellen die Beweggründe hinter den Positionen dar.

Im Allgemeinen ist es leichter, Interessen in Übereinstimmung zu bringen als Positionen. Ein typisches Beispiel illustriert dieses Problem: Eine Führungskraft besteht darauf, eine freie Stelle in seiner Abteilung mit einem Bewerber zu besetzen, der eine langjährige Berufserfahrung aufweist. Der Personalleiter des Unternehmens hingegen will diese Stelle nur an einen Hochschulabsolventen vergeben. Auf Ebene dieser gegensätzlichen Positionen ist eine gemeinsame Lösung nicht zu erzielen, weil es keinen Hochschulabsolventen mit langjähriger Berufserfahrung gibt. Um dieses Problem zu lösen, ist es nötig, die dahinter liegenden Interessen zu erfragen. Das Interesse der Führungskraft mag darin liegen, einen Mitarbeiter zu erhalten, der sofort einsatzfähig ist. Der Personalleiter dagegen sucht einen Mitarbeiter, der die nötigen Qualifikationen besitzt und gleichzeitig nicht zu teuer ist. Auf dieser Ebene argumentierend können beide Parteien zu einer akzeptablen Lösung kommen - etwa, indem ein Mitarbeiter ausgewählt wird, der vor seinem Hochschulstudium bereits für das Unternehmen tätig war und damit eine sehr kurze Einarbeitungszeit besitzt.

Natürlich ist es nicht immer möglich, die hinter den Positionen stehenden Interessen auszugleichen, weil sich natürlich auch diese ausschließen können. Meist stellt man aber fest, dass Interessen - anders als Positionen - sich gegenseitig ergänzen oder gar übereinstimmen können. Wichtig ist es also, die Interessen der beiden Parteien zu ermitteln und auf dieser Ebene nach einer für beide Seiten akzeptablen Lösung zu suchen. Auch hierzu ist es natürlich hilfreich, sich in die Position des jeweils anderen zu versetzen und nach dem "Warum" oder auch dem "Warum nicht" zu fragen. Denkbar ist es auch, in einer vertrauensvollen Verhandlungsatmosphäre, die eigenen Interessen kundzutun und damit ein Offenlegen der Interessen der Gegenpartei zu erleichtern.

• **Optionen entwickeln mit Vorteilen für beide Seiten.**

Ist man sich über seine eigenen Interessen und über die des Verhandlungspartners im Klaren, so sollte die Verhandlung zielgerichtet und nicht auf die Vergangenheit bezogen sein. Dabei müssen Lösungsmöglichkeiten für bestehende Konflikte gesucht werden, die eine Übereinkunft gestatten - die also Vorteile für beide Seiten bieten.

Die wichtigste Voraussetzung hierfür ist, dass eine vorschnelle Einengung des Alternativenspektrums vermieden wird. In aller Regel gibt es nicht die "einzige, beste Lösung", sondern es gibt mehrere Optionen, die möglich sind. Auch um diese zu erkennen, ist eine Beschäftigung mit den Interessen der anderen Partei erforderlich. Außerdem gilt auch hier - wie bei allen kreativen Prozessen -, dass Optionssuche und - bewertung strikt voneinander zu trennen sind.

• **Neutrale Beurteilungskriterien zur Ergebnisbewertung entwickeln.**

Hat man es geschafft, alternative Lösungswege zu finden, die eine akzeptable Lösung für beide Parteien darstellen, so erfolgt nun der eigentliche Entscheidungsprozess. Dieser sollte auf Grundlage neutraler, möglichst objektiver Kriterien gefällt werden, die sich sowohl auf den Verhandlungsprozess als auch das Ergebnis der Verhandlung beziehen.

Ein in diesem Sinne sachbezogenes Verhandeln bedeutet, dass man nicht nur eigene, sondern auch die Kriterien des Verhandlungspartners mit einbezieht. Können sich beide Parteien jedoch nicht auf gemeinsame Kriterien einigen, so ist daran zu denken, eine andere neutrale Person darüber entscheiden zu lassen, welche Kriterien zur Entscheidungsfindung herangezogen werden sollten.

Das Anwenden eines solchen Verhandlungsstils ermöglicht es in vielen Fällen, Konflikte zu lösen, ohne Gewinner und Verlierer zu schaffen. Nicht immer kann man jedoch einen Verhandlungspartner davon abbringen, weiter auf seinen Positionen zu beharren. In diesem Fall ist es sinnvoll, nicht ebenso wie die Gegenseite weiter um Positionen zu feilschen, sondern seinerseits die Handlungen der Gegenseite zu beobachten und, wo immer möglich, auf die sachliche Ebene zu lenken. Erst wenn dies nicht mehr möglich erscheint, sollte über den Einsatz eines neutralen Vermittlers nachgedacht werden, der seinerseits Lösungsvorschläge erarbeitet.

6. Problemlösungsprozesse "managen"

6.1 Problemlösung als Projekt

"Wir hätten uns wirklich geschickter anstellen können!"

Deprimiert beendet Fred seinen Arbeitstag, der ihm so vorkam, als ob er gerade sechs Monate Arbeit "in den Müll werfen musste". "Ich bin der Projektleiter, ich bin dafür verantwortlich", sagte er am Abend zu seiner Frau.

"Aber was hätte ich anders machen können?", fragte er sich. "Ich habe mich doch um alles Wichtige selber gekümmert". Gut, die Vorbereitung des Projekts war nicht berauschend - er hat sich gewaltig mit Zeit und Kosten verschätzt. "Aber es war auch alles schwieriger als am Anfang gedacht. Wochenlang haben wir uns mit dem Auslastungsproblem herumgeschlagen und dann einfach nicht mehr die Zeit gehabt, uns mit anderen Sachen zu beschäftigen". Und dass sich die Projektgruppe immer wieder in einzelnen Teilthemen verzettelte, so meinte Fred, "daran ist die Geschäftsführung mitschuldig: Die haben uns nie genau gesagt, was sie eigentlich von uns wollten". "Warum hast Du denn nicht öfter mit den beiden Geschäftsführern gesprochen?", fragte Freds Gattin mit dem ihr eigenen gesunden Menschenverstand: "Dann hättest Du doch erfahren, wie sie zu Deinen Ideen stehen".

"Ja", so musste Fred zugeben, "unser Projekt ist wirklich nicht optimal abgelaufen - wir hätten uns auch als Projektgruppe geschickter anstellen können. Aber beim nächsten Projekt: da weiß ich jetzt, was ich anders machen werde!".

Die Suche nach solchen Problemlösungen, wie wir sie am Beispiel von Fred Klabusters Problemlösungsteam illustriert haben, stellt für ein Unternehmen im Regelfall eine außergewöhnliche Aufgabe dar. Außergewöhnlich deshalb, da die zu meisternde Aufgabe einmalig und somit keine Wiederholung bereits durchgeführter Aktivitäten ist. Die Lösung und der Lösungsweg müssen also erst neu erarbeitet werden. Dabei müssen meist eine Vielzahl von Faktoren berücksichtigt werden, wodurch der Problemlösungsprozess komplex wird. Managementprozesse und Organisationsstruktur des Unternehmens, die auf die Bewältigung des Tagesgeschäfts ausgerichtet sind, sind in aller Regel mit solchen komplexen und neuartigen Aufgaben überfordert. Problemlösungsprozesse werden daher (zwar nicht immer aber meistens) als **Projekte** organisiert. Sie werden nicht im Rahmen der bestehenden Aufbauorganisation des Unternehmens bearbeitet, indem die Problemlösungsaufgabe etwa an eine bestimmte Abteilung verwiesen wird, sondern als eigenständiges, zeitlich begrenztes Arbeitsgebiet durch eine Projektgruppe wahrgenommen. Da diese nicht Bestandteil der dauerhaften Organisation des Unternehmens ist, spricht man auch davon, dass eine sekundäre Organisation geschaffen wird[1].

Die Eigenständigkeit der Projektaufgabe und ihre eigenständige Erfüllung durch die Projektgruppe sind die wesentlichen Vorteile der Projektarbeit gegenüber der typischen Routineorganisation. So können Projekte flexibel eingerichtet und aufgelöst werden, je nachdem, welche Aufgaben gerade bearbeitet werden müssen. Die Trennung von Projekt und Routineorganisation gestattet es dabei, dass im Projekt unternehmensübergreifend Fachkräfte zusammengezogen werden können, die ansonsten in unterschiedlichen Abteilungen arbeiten, um gemeinsam die jeweils interessierende Fragestellung zu klären. Projekte führen daher in der Regel nicht nur sehr viel schneller zu verwertbaren Ergebnissen, sondern erreichen oft auch eine qualitativ höherwertige Problemlösung.

Diese Besonderheiten der Projektarbeit begründen aber nicht nur ihre Vorteile, sondern auch zusätzliche **Anforderungen an die die Zusammenarbeit im Projekt, die Projektorganisation und das Projektmanagement**, die - wie im Beispiel von Fred Klabuster gesehen - nicht ganz einfach zu erfüllen sind. Auf diese Besonderheiten soll im Folgenden eingegangen werden.

---

[1]   Vgl. ausführlich Krüger, W.: Organisation der Unternehmung, 3. Aufl., Stuttgart 1994.

6.2 Projektteam

Projekte haben (wie gesagt) komplexe, die Fachgebiete mehrerer Abteilungen ü-
bergreifende Aufgabenstellungen. Die Idee, "alles Wichtige selber zu machen",
widerspricht nicht nur der Zielrichtung eines Projektes - sie verurteilt es von
vornherein zum Scheitern. Projekte können nur dann erfolgreich sein, wenn es gelingt, die Mitglieder einer Projektgruppe in einer sinnvollen **Teamarbeit** zusam-
menzubringen. Der besondere Wert der Teamarbeit besteht erstens darin, dass
Menschen Wissen aus unterschiedlichen Gebieten sowie verschiedenste Fähigkeiten und Erfahrungen in einen (gemeinsamen) Problemlösungsprozess einbringen.
Damit entsteht eine Wissensbasis, die über die Summe des Einzelwissens hinaus
geht - es werden synergetische Effekte ausgelöst, die stimulieren und das Leis-
tungsniveau steigern. Die in Teamarbeit erzielbaren Ergebnisse können so die Ergebnisse übertreffen, die erreicht werden, wenn nur eine Einzelperson ihr Wissen
und ihre Fähigkeiten zur Problemlösung nutzt. Dieser Vorteil spielt speziell in der
Problemanalyse und bei der Suche nach Lösungsmöglichkeiten eine große Rolle.

Problematischer als die Arbeit eines Einzelnen kann die Teamarbeit in der Phase
der Entscheidungsfindung werden. Hier gibt es Phänomene wie das "**Gruppen-
denken**" oder eine stärkere Risikofreudigkeit ("risk shift"), welche die Qualität der
Entscheidungsfindung negativ beeinflussen können. Die hierfür notwendigen
Korrektive müssen vor allem durch die Projektorganisation geschaffen werden.
Darüber hinaus ist die Zusammenarbeit in einem Team auch immer mit gewissen
Konfliktpotenzialen verbunden. Konflikte sind zwar nicht in jedem Fall negativ,
denn ein gewisses Konfliktniveau ist notwendig, um überhaupt Aktivität zu ent-
falten. Es darf jedoch nicht soweit gehen, dass die Teammitglieder sich wechselseitig lähmen. Insofern ist das "richtig Konfliktmaß" zu suchen - eine Empfehlung,
die natürlich im Konkreten nicht ganz einfach zu verwirklichen ist[1].

---

[1] Vgl. zum Verhalten von Gruppen zum Beispiel Staehle, W.: Management, 6. Aufl., München
1991, S. 241 ff.; v. Rosenstiel, L.: Grundlagen der Organisationspsychologie, 4. Aufl., Stuttgart
2000, S. 249 ff.

Erfolgreiche Teamarbeit setzt zudem vor allem eines voraus: **Hierarchiefreiheit**. Hierarchiefreie Arbeit verlangt von allen Beteiligten andere Verhaltensweisen, als man sie typischerweise bei Arbeitsprozessen im Rahmen der dauerhaften Organisationsstruktur beobachten kann. So sind vor allem andere, eben nicht hierarchische, sondern allseitige Kommunikations- und Interaktionsformen erforderlich. Auch im persönlichen Umgang der Teammitglieder muss größter Wert auf gegenseitige Akzeptanz, Offenheit und Unterstützung gelegt werden. Nur so können die Teammitglieder tatsächlich ihre individuellen Fähigkeiten in die Problemlösung einbringen und die angesprochenen Synergieeffekte der Teamarbeit realisiert werden.

Vor diesem Hintergrund dürfte es offensichtlich sein, dass die **Zusammensetzung des Teams** als zentrale Voraussetzung für den Erfolg eines Problemlösungsprozesses gilt. Nach der Devise "Die Mischung macht's" gilt es, die Teammitglieder anhand vorab definierter Anforderungen auszuwählen. Jedes Teammitglied muss dabei über ein der Aufgabenstellung entsprechendes Fachwissen und die notwendigen Teamfähigkeiten verfügen.

Eine **zentrale Bedeutung** in einem Projektteam nimmt der **Projektleiter** ein. Durch seine Persönlichkeit und seine Qualifikation kann er den Projekterfolg oder -misserfolg entscheidend beeinflussen. Bedingt durch die möglichst weitgehende Hierarchiefreiheit im Projekt werden zudem hohe Anforderungen an sein Führungsverhalten gestellt. So muss er bei seinem Verhalten berücksichtigen, dass er zwar einerseits Bestandteil des Teams, andererseits aber auch Manager des "Unternehmens Projekt" ist. Neben dem Fach- und Methodenwissen sind deshalb gerade auch soziale Fähigkeiten, wie Glaubwürdigkeit, Kritikfähigkeit oder Einfühlungsvermögen notwendige Eigenschaften eines Projektleiters, um das Team erfolgreich zu führen. Nur wenn der Projektleiter den hohen Anforderungen, die an ihn gestellt werden gerecht wird, kann er als "Führungspersönlichkeit, Motivator, Trainer, Psychologe und Konfliktmanager" fungieren und das Projektteam zu dem gewünschten Ziel führen.

6.3 Organisation von Projekten

Auch wenn ein Projekt gebildet wird, um die primäre Organisation eines Unternehmens bewusst zu umgehen, heißt dies nicht, dass Organisation für die Durchführung von Projekten vollkommen überflüssig wäre. Auch ein Projekt muss organisiert werden. Damit meine ich zum einen, dass die Aufgabenverteilung innerhalb der Projektgruppe und die Formen der Zusammenarbeit der Teammitglieder einem gewissen Maß an Regelung - und das heißt: Organisation - unterliegen müssen. Zum anderen müssen aber auch bestimmte Formen des Informationsaustauschs, der projektübergreifenden Koordination und der Entscheidungsfindung institutionalisiert sein, um Abstimmungsprobleme zu vermeiden, wie sie leider das Projektteam Klabuster erfahren musste. Anders ausgedrückt: Eine Projektgruppe darf bei aller notwendigen Autonomie nicht vollständig losgelöst von der so genannten Primärorganisation ihres Unternehmens arbeiten. Bei der Gestaltung der Projektorganisation müssen deshalb sowohl die mit der Durchführung eines Projekts beauftragten Einheiten als auch ihre Eingliederung in die bestehende Organisation des Unternehmens durchdacht werden.

Zu diesem Zweck muss eine **Verknüpfung von Primärorganisation und Projekt** auf mehreren Ebenen geschaffen werden (Abbildung 47). Die Verknüpfung besteht zuoberst auf der Entscheidungsebene, indem die Unternehmensgremien (oder Mitglieder aus diesen Gremien), die später über die Verwirklichung der Projektergebnisse zu befinden haben, zugleich auch Entscheidungsgremium für das Projekt werden. Die Entscheidungsträger eines Projekts werden in einem temporären, projektbegleitenden Gremium, dem **Lenkungsausschuss**, zusammengefasst. Seine Aufgaben bestehen darin, die Interessen des obersten Auftraggebers zu vertreten und die Projektziele zu definieren. Darüber hinaus unterstützt und überwacht dieses Gremium das Projektteam. Um dieser Aufgabe nachkommen zu können, wird der Lenkungsausschuss in regelmäßigen Abständen über Zwischenergebnisse der Projektgruppe unterrichtet. Er trifft schließlich auch die abschließende Projektentscheidung oder führt eine solche Entscheidung in den zuständigen Unternehmensgremien herbei. Nach Abschluss des Projekts wird der Lenkungsausschusses aufgelöst.

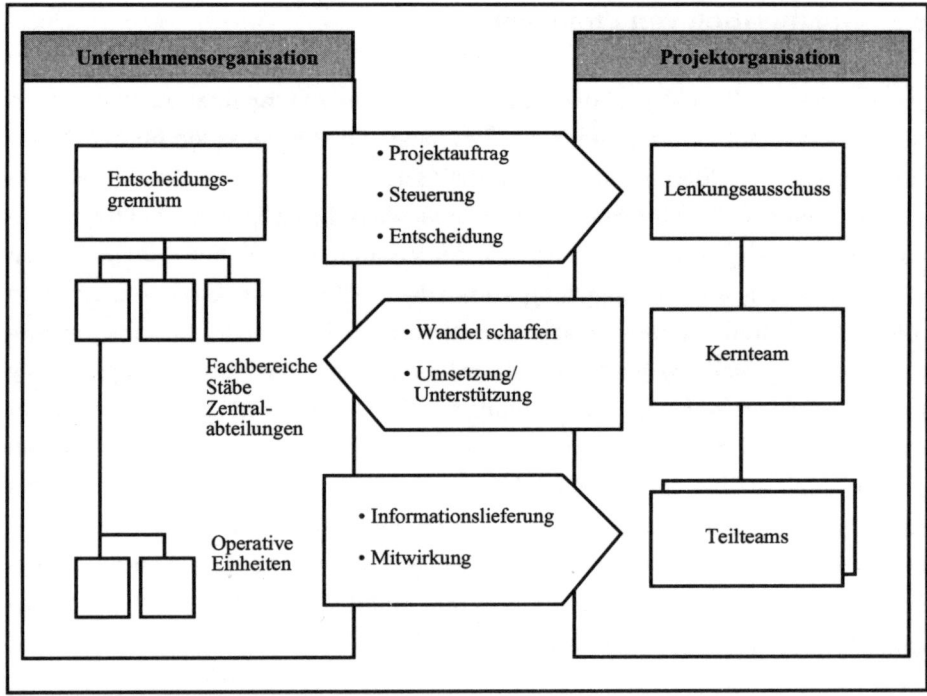

Abbildung 47:   (Aufbau-)Organisation von Projekten

Auf der Ebene darunter liegt das eigentliche Projektteam, das bei größeren Projekten seinerseits in ein Kernteam und mehrere Teilteams aufgeteilt werden kann. Das **Kernteam** fungiert dann als Projektleiter und koordiniert die Einzelaktivitäten der Teilteams. Seine Aufgaben umfassen demnach die Planung des Projektes, die Zuordnung von Aufgaben, Kompetenzen, Ressourcen und Verantwortlichkeiten sowie die Koordination und Kontrolle der Projektaktivitäten.

Die eigentliche Projektbearbeitung in den einzelnen Themengebieten des Projekts wird von den **Teilteams** durchgeführt. Die Teilteams, aber auch das Kernteam, stehen mit Organisationseinheiten der regulären Organisation in Verbindung, indem sie deren Informationen als Basis ihrer Projektarbeit nutzen und diese - wo möglich - am Projekt mitwirken lassen und gleichzeitig ihrerseits Ergebnisse der Projektarbeit in das Unternehmen hineintragen und die Fachabteilungen bei deren Umsetzung unterstützen.

Während die geschilderte (Aufbau-)Organisation von Projekten weitgehend unabhängig von den Projektinhalten ist, wird die **Organisation des Projektablaufs** natürlich von den konkreten Aufgaben geprägt. Aufbauend auf der Problemstrukturierung sind hierzu die einzelnen Teilaktivitäten des Projekts zu bestimmen, ihre zeitliche Reihenfolge ist festzulegen, Verantwortlichkeiten, Ressourcen und Kompetenzen sind zu verteilen. Die Ergebnisse dieser Überlegungen schlagen sich im Zeitplan des Projekts nieder (siehe erneut Abbildung 15 in Abschnitt 4.1). Dabei ist es in aller Regel sinnvoll, **Projektphasen** und **Meilensteine** zu definieren, die den Projektablauf grob gliedern. Bei einer Phase handelt es sich um einen in sich abgeschlossenen Arbeitsschritt, der mit einem Meilenstein endet. Ein Meilenstein ist ein überprüfbares Zwischenergebnis, das inhaltlich und terminlich definiert ist und eine umfassende Beurteilung des Projektfortschritts erlaubt.

Anlässlich eines jeden Meilensteins sollte eine Berichterstattung an den Lenkungsausschuss erfolgen; diese kann auch mit einer "stop-or-go-Entscheidung" für das Projekt verknüpft werden. Damit ist für das Projektteam ein Feedback des Entscheidungsgremiums verbunden, welches Orientierung und Motivation bieten kann.

6.4 Projektmanagement

Neben einem qualifizierten und motivierten Projektteam und einer zweckmäßigen Projektorganisation ist ein professionelles Projektmanagement ein weiterer kritischer Erfolgsfaktor für den Projektverlauf. Das Projektmanagement führt alle Überlegungen zusammen, die bisher zu einer erfolgreichen Durchführung von Projekten angestellt worden sind. Versteht man Projektmanagement als einen Prozess - genauer: einen Führungsprozess -, so lassen sich die Aufgaben der Projektplanung, der Projektdurchführung, des Projektabschlusses sowie der Projektkontrolle als die **Kernbestandteile des Projektmanagements** unterscheiden[1].

---

[1] Vgl. Hahn, D., Hungenberg, H.: PuK - Wertorientierte Controllingkonzepte, 6. Aufl., Wiesbaden 2001, S. 737 ff.

Das Management eines Projektes beginnt bereits bei der Planung der Projektaktivitäten. Die **Projektplanung** erfolgt im Regelfall bevor das Problemlösungsteam (vollständig) zusammengestellt wird, das später die eigentliche Projektdurchführung mit den geschilderten Aktivitäten übernimmt. Die Projektplanung ist damit die Basis für die Ermittlung der notwendigen Bearbeitungszeit sowie der erforderlichen Sach-, Personal- und Finanzmittel. Für komplexe Probleme kann es dabei sogar sinnvoll sein, die Projektplanung in Vorstudie und Hauptstudie zu gliedern. Die einzelnen Planungsphasen werden so gedanklich mehrmals, mit zunehmender Detaillierung, durchlaufen.

In der Planung wird definiert, was erreicht werden soll, und festgelegt, wie das Angestrebte voraussichtlich am besten erreicht werden kann. Es geht also allgemein formuliert darum, Ziele zu bestimmen und Maßnahmen zur Zielerreichung auszuwählen. Die Planung eines Projektes hat somit sowohl eine **inhaltliche Komponente** (Projektziel, -aufgaben) als auch eine **Zeit-, Kosten- und Kapazitätskomponente**. Neben den Inhalten des Projekts müssen also auch die für das Projekt zur Verfügung stehenden Kapazitäten, der einzuhaltende Abschlusszeitpunkt und der vorgegebene Budgetrahmen berücksichtigt werden. Überspitzt formuliert könnte man sagen, dass Projekte, die nicht innerhalb der vorgegebenen Zeit oder des vorgegebenen Projektbudgets abgeschlossen werden, im Prinzip genauso gescheitert sind, wie Projekte, die die untersuchte Aufgabenstellung nicht beantworten können.

In der auf der Planung aufbauenden **Projektdurchführung** geht es schließlich darum, die geplanten Aktivitäten umzusetzen. Zu diesem Zweck müssen Teilaufträge erteilt werden, Mitarbeiter sind anzuleiten, Teilprozesse und Beteiligte sind zu koordinieren und zu steuern. Dabei kann sich natürlich zeigen, dass die Annahmen, welche der Planung zugrunde lagen, nicht realisierbar sind, und deswegen der Projektablauf in der Realität vom geplanten Ablauf abweicht. Solche Änderungen sind kaum zu vermeiden, da Projekte als komplexe und einmalige Vorhaben wohl nie im Vorhinein vollständig durchdacht werden können. Im Interesse der (inhaltlichen, terminlichen und Kosten-mäßigen) Projektziele sollten solche Abweichungen jedoch soweit wie möglich minimiert werden.

Der **Projektabschluss** ist das formale Ende des Problemlösungsprozesses. Hier werden die kommunizierten und verabschiedeten Ergebnisse dokumentiert, wo nötig nachgebessert und die Implementierung der Projektergebnisse beginnt. Im Beispiel Fred Klabusters hieße dies, dass die einzelnen Maßnahmen verwirklicht werden, die in ihrer Gesamtheit die neue "Strategie" von Bunsenbrenn ausmachen.

Im Anschluss an die Implementierung ist dann zu prüfen, ob sich mit der Umsetzung der Projektergebnisse auch der angestrebte Erfolg einstellt - ob die Projektziele erreicht werden. Dies ist Aufgabe der **Projektkontrolle**. Um den Projekterfolg zu sichern, muss die Überwachung der Projektaktivitäten jedoch bereits sehr viel früher einsetzen. Projektkontrolle (im weiteren Sinne) heißt nämlich, bereits projektbegleitend zu prüfen, ob alle Aktivitäten (und deren finanzielle und zeitliche Konsequenzen) sich noch im Rahmen der Projektplanung bewegen - wo dies nicht mehr der Fall ist, muss gegengesteuert werden. Projektkontrolle ist also eine Aufgabe des Projektmanagements, welche die anderen Teilaufgaben zeitlich begeleitet.

Zusammenfassend kann gesagt werden, dass die Mitglieder einer Projektgruppe also nicht nur Fachkenntnisse und Methodenkenntnisse mit in ihre Projektarbeit einzubringen haben, sondern auch über Fähigkeiten zum Management von Projekten verfügen müssen. Außerdem müssen bestimmte organisatorische Voraussetzungen geschaffen sein, damit eine wirkungsvolle Projektdurchführung und damit eine wirkungsvolle Problemlösung gesichert werden kann. Problemlösungsprozesse, die in Form von Projekten bearbeitet werden, stellen somit an Mitarbeiter und Unternehmen hohe Anforderungen - bieten aber auch einzigartige Herausforderungen und Möglichkeiten. Die hier vorgestellte Problemlösungsmethodik kann den Beteiligten dabei helfen, diese Chancen besser zu nutzen.

Literaturverzeichnis

Backhaus, K., Erichson, B., Plinke, W.: Multivariate Analysemethoden, 9. Aufl., Berlin 2000.

Baetge, J., Niemeyer, K., Kümmel, J.: Darstellung der Discounted-Cashflow-Verfahren (DCF-Verfahren) mit Beispiel, in: Praxishandbuch der Unternehmensbewertung, Hrsg. V. Peemöller, Herne 2001, S. 263 ff.

Baur, C., Kluge, J.: Die Wertkette als Instrument der strategischen Analyse, in: Praxis des strategischen Managements, Hrsg. M. Welge, A. Al-Laham, P. Kajüter, Wiesbaden 2000, S. 135 ff.

Berekoven, L., Eckert, W., Ellenrieder, P.: Marktforschung, 9. Aufl., Wiesbaden 2001.

Bronner, R.: Planung und Entscheidung, 3. Aufl., München 1999.

Copeland, T., Koller, T., Murrin, J.: Valuation, 3. Aufl., New York 2000.

De Bono, E.: Six Thinking Hats, Boston 2000.

Diller, H. (Hrsg.): Marketingplanung, 2. Aufl., München 1998.

Diller, H.: Preispolitik, 3. Aufl., Stuttgart 2000.

Feider, J., Schoppen, W.: Prozeß der strategischen Planung - Vom Strategieprojekt zum strategischen Management, in: Handbuch Strategische Führung, Hrsg. H. Henzler, Wiesbaden 1988, S. 665 ff.

Fisher, R., Ury, W., Patton, B.: Das Harvard-Konzept, 20. Aufl., Frankfurt 2001.

Friedrichs, J.: Methoden der empirischen Sozialforschung, 14. Aufl., Opladen 1990.

Geschka, H.: Die Szenariotechnik in der strategischen Unternehmensplanung, in: Strategische Unternehmungsplanung - Strategische Unternehmungsführung, Hrsg. D. Hahn, B. Taylor, 8. Aufl., Heidelberg 1999, S. 518 ff.

Hahn, D., Hungenberg, H.: PuK - Wertorientierte Controllingkonzepte, 6. Aufl., Wiesbaden 2001.

Hammann, P., Erichson, B.: Marktforschung, 4. Aufl., Stuttgart 2000.

Higgins, J., Wiese, G.: Innovationsmanagement - Kreativitätstechniken für den unternehmerischen Erfolg, Berlin 1996.

Hungenberg, H.: Strategisches Management in Unternehmen, 2. Aufl., Wiesbaden 2001.

Kromrey, H.: Empirische Sozialforschung, 9. Aufl., Stuttgart 2000.

Krüger, W.: Organisation der Unternehmung, 3. Aufl., Stuttgart 1994.

Meffert, H.: Marketingforschung und Käuferverhalten, 2. Aufl., Wiesbaden 1992.

Meffert, H.: Marketing, 9. Aufl., Wiesbaden 2000.

Meyer, J.-A.: Visualisierung von Informationen, Wiesbaden 1999.

Minto, B.: The Pyramid Principle, London 2001.

Porter, M.: Competitive Strategy, New York 1980.

v. Rosenstiel, L.: Grundlagen der Organisationspsychologie, 4. Aufl., Stuttgart 2000.

Scherer, F., Ross, D.: Industrial Market Structure and Economic Performance, 3. Aufl., Boston 1990.

Schlicksupp, H.: Anstöße zum innovativen Denken, in: Handbuch Strategische Führung, Hrsg. H. Henzler, Wiesbaden 1988, S. 691 ff.

Schnell, R., Hill, P., Esser, E.: Methoden der empirischen Sozialforschung, 6. Aufl., München 1999.

Staehle, W.: Management, 6. Aufl., München 1991.

Vahs, D., Burmester, R.: Innovationsmanagement, Stuttgart 1999.

Vogt, G.: Erfolgreiche Rhetorik, München 1998.

Zelazny, G.: Wie aus Zahlen Bilder werden, 5. Aufl., Wiesbaden 1999.

Zelazny, G.: Das Präsentationsbuch, Frankfurt 2001.

Sachregister